日本が在日米軍を買収し第七艦隊を吸収・合併する日

宮崎正弘

ビジネス社

プロローグ　米軍撤退で日本に戦争を仕掛ける中国

火事がおきてから消防車を設計中というのが日本の安全保障

世界の歴史が変わる。国際政治に地殻変動が起きている。アジア・西太平洋の覇権は米国から中国へ移る恐れが徐々に強まっている。

たとえば二〇一五年二月に出たペンタゴン報告では中国が保有する潜水艦の数が米国海軍の規模を超えた。米空母を攻撃するミサイル艦を配備した。

戦後七〇年、日本は「積極的平和主義」を唱え、福祉と経済発展に集中し高度な福祉国家を目指して歩んできた。「世界一治安の良い国」と言われるようになった。

幸いにして日本が巻き込まれる地域戦争は朝鮮戦争を例外としてなく、大きな戦争にはもちろん加わらなかった。それは在日米軍という抑止力が歴然と存在したからだ。好きかきらいかは別として日米安保条約が十全に機能したおかげである。

しかし通常のパターンによる武力行使を超えて、テロリズム、サイバー戦争、化学兵器などによる「超限戦」の時代を迎え、一昔前のようにのどかな防衛力強化とか日米ガイドラインの見直しとか、あるいは日米同盟の深化などと修辞の弄びをしている場合ではなくなった。

危機は目の前に迫った。

二〇一三年一月、アルジェリアでプロジェクトに従事していた日本人エンジニア一〇名がテロリストに襲われ殺害された。つづいて一五年三月、チュニジアの博物館で日本人三人を含む外国人観光客多数が殺害された。

二〇一五年初頭には二人の日本人がＩＳＩＬ（イスラム国）に人質になったうえ、残酷に殺害された。その残虐な殺人のフィルムを彼らはユーチューブで公開し、日本ばかりか世界の人々に恐怖を与えた。

ベルギーでフランスで、そしてカナダでイスラム国に連帯するテロリストが銃撃事件を繰り返した。異次元の戦争に世界は突入した。

「オウム真理教」のサリンテロから二〇年を閲《けみ》し喉元過ぎれば暑さ忘れるの諺のように、あるいは日本政府や大手企業のＨＰがハッカーの攻撃を受けたり、企業機密がコンピュータを介して中国に盗まれても日本はのほほんとしてきた。

国家安全保障局がわずか数十名の体制で発足したのが二〇一三年、第二次安倍政権からである。日本はかくも長く情報戦争の現場に不在だった。

日本がハッカー対策に特別チームを編成したのはつい先日である。そしてテロ事件に呼応して特殊部隊を海外派遣できるかどうかを国会で初めて検討に入ったのもつい昨日のこと、なにからなにまで後手後手に回った。

一方で中国は尖閣諸島を奪取するために、着々と準備を進めており、前段階として、「漁船」を擬装する大船団を周辺海域に展開している。

「あれは軍事演習である」という声はマスコミになにほども反映されず、中国のいう「漁民」は小笠原諸島沖合の赤珊瑚密漁を展開したが、あれも擬装された「海上民兵」である事実を巧妙に隠している。

二〇一四年秋にわが領海である小笠原諸島沖合に大船団が現れ赤珊瑚をごっそり密漁して行った。

中国の海上民兵が「第二列島線」を突破する軍事訓練が主目的だった。

拿捕できた密漁船はたった五隻、「海上保安庁はなにをしているのか」と抗議の声があがったが、わずか一万三〇〇〇名、しかも尖閣諸島警備に振り回されていて小笠原に回航できる警備艇はほとんどなかった。ならば海上自衛隊はなにをしているかといえば現行法では動こうにも動けないのである。中国はこの日本の脆弱な死角をついてきたのだ。

五島列島には、すでに「台風避難」と嘯《うそぶ》いて一度に二〇〇隻もの中国漁船が入港し、あることを想定した軍事訓練をしている。日本側の対応は決定的に遅れている。火事が起きてから消防車の設計をしているような遅れである。

北朝鮮は日本海めがけて何回もミサイル実験をしている。目の前の危機に日本の防御態勢は確立されていない。

ところが昨今、オバマ大統領は「米国は世界の警察官をやめる」と発言した。

この方針を突き詰めて考えれば、アメリカはやがて在日米軍を撤退させ、日米安保条約を空洞化させるのではないか。

げんに海兵隊はグアム以東へ撤退させ、一部はすでに中国のミサイルの届かない豪ダーウィン基地に移動した。

未曾有の危機が目の前にあるというのに日本の防衛議論は完全に時代遅れ、いまもメンタリティのどこかに米国への甘え、依存気分が濃厚に残っている。日米安保協議委員会（2+2）は中国の海洋進出を批判したが、「国際規範遵守」を促したのみ、まったく気迫が足りない。『防衛白書』も中国の軍事的脅威を正面に批判したとはいえ、言葉のトーンが変わっただけだ。

在日米軍の完全撤退、日米安保条約の廃棄という近未来に確実にやってくるシナリオに日本はいつまでも目を背けてはおられないのではないのか。核を含むあらゆる最新の防衛システムの導入を急ぐ必要に迫られているのではないのか。

反日プロパガンダは欧米も巻き込んだ

結論は明瞭に見えている。

日本は独自の最終兵器で武装しなければ中国の脅威から身を守れないという状況がいよいよ目前に迫っているということである。

さかんに論議されるようになった日本の単独核武装論に関しては国際情勢と諸般の状況から判断して、いまから数年かけての日本独自の開発は間に合いそうにない。そういう時間的余裕はなくなっている。

そもそも公務員全員が給料の一割を寄附する（日露戦争のとき軍事費をまかなうため国民が基金をだしあった）という合意でもないと高度国防国家の実現は予算的にも難しいうえ、日本は普通の国なら制定されている「スパイ防止法」がないため機密を守ることができない。憲法の制約とあまりに公開されすぎた情報管理システムがある以上、秘密裏の核開発は仮想敵国からの激しい妨害に遭遇するからでもある。

ならばいかなる選択肢が日本に残されているのだろうか、それを本書では縷々《るる》検討してみたい。

二〇一五年九月三日を「抗日戦争勝利記念日」などと日本軍と闘ってもいない中国共産党は新しいでっち上げ式典を突如制定し、準備にはいった。

軍国主義中国が平和国家日本をファシズムなどと貶める演説を国連で行った。

中国は九月三日に異例の軍事パレードを行うと発表した。「戦後秩序を維持する目的で軍事力を誇示するのは主として日本への武威とアジアならびに世界秩序維持への中国の威信をしめす行為である」云々と見解をたれた。

一九九九年と二〇〇九年に行われた軍事パレードは一〇月一日の「国慶節」だった。ところが一〇年おきという暗黙のルールを破って二〇一五年には九月三日に、北京天安門広場で六年ぶりに軍事パレードを挙行するのは変則的であり、きわめて政治的である。

戦術的に中国に肩入れするロシアのプーチン大統領はこの北京の軍事パレードに中露関係の強さと両国の連帯を強調するために参加するとした。韓国大統領も参加する。

この動きに呼応するかのように台湾軍も反日軍事パレードを実施するという。これは台湾軍が「抗日戦争勝利七〇周年記念軍事パレード」を検討しているというニュースだが、かの世界一の親日国家が？

報道をうけた台湾国防部は「軍事パレードの実施については検討中である」とだけコメントした。台湾軍は毎年実施してきた軍事演習「漢光」の実弾演習を中止し、一〇月に新竹県にある湖口国家閲兵場で戦力展示を行う予定とされた。この案に対して中華思想組の国民党の林郁方・立法委員が「中華民国（台湾）が抗日戦争の正統な勝利者であることを示すため」と馬英九政権を突き上げ、むしろ台北市内での軍事パレードを要求したことなど政治的な背景が絡む。

中国、韓国に北朝鮮という「反日御三家」に、まさかのロシアとよもやの親日国家＝台湾が加わることになれば国際政治力学上の異変と言わざるを得ない。

ことは中国、韓国、ロシアだけではなく、欧米にまで飛び火している。

一例を挙げると、米大手出版「マグロウヒル社」のカリフォルニアの公立高校で使われている「世界史」の教科書には次のような慰安婦、南京事件についての誤った記述があり、日本の訂正申し入れを同社は拒否した。

「慰安婦問題」＝「戦時における女性の経験は常に気高いもの、力を与えるものばかりであったわけではない。日本軍は『慰安所』ないし『慰安施設』と呼ばれる軍用売春宿で働かせるために最大で二〇万人にも及ぶ一四歳から二〇歳までの女性を強制的に募集し、徴集し、制圧した。日本軍は部隊に対し、天皇からの贈り物であるとして、これら女性を提供した。これら女性は朝鮮、台湾及び満洲といった日本の植民地、またフィリピン及びその他の東南アジア諸国の占領地の出身である。女性の大半は朝鮮及び中国の出身である。

いったんこの帝国の売春サービスに強制的に組み込まれると『慰安婦』たちは一日あたり、二〇人から三〇人の男性の相手をさせられた。戦闘地域に配置され、これら女性はしばしば兵隊らと同じリスクに直面し、多くが戦争犠牲者となった。他の者も逃亡を企てたり、性病にかかったりした場合には、日本の兵士によって殺害された。戦争の終結に際し、この活動をもみ消すために、多くの慰安婦が殺害された。」

「南京事件」に関しても出鱈目《でたらめ》な記述がある。

同教科書の二〇一〇年改訂版からは、「日本海（東海）」と韓国側の呼称も併記されている。中韓両国による反日宣伝で世界に蔓延する虚偽認識が、米国の教科書にまで記載されているという恐るべき実態を日本は官民挙げて糺《ただ》してゆく必要がある。

また慰安婦強制連行というフィクションを元に書かれた小説『ドーターズ・オブ・ザ・ドラゴン（竜の娘達）』を韓国系反日団体が米国内の大学図書館などに寄贈し、派手な反日キャンペーンを行っている。英語での情宣活動は中国と韓国がやりたい放題、日本の対応は決定的に遅れている。

こうして日本は未曾有の危機に直面している。

元寇や幕末の危機以来、最大級の国家安全保障にかかわるレベルであり、この危険は宣伝戦争、心理戦争、法廷闘争ばかりか欧米をも巻き込んでの総合戦に発展している。

日本の国家存立の危機である。

こうした情勢を私たちは如何に判断し、どう対応してゆくのか？

プロローグ　米軍撤退で日本に戦争を仕掛ける中国――3

第一章

戦後最大の危機
――中国との戦争がはじまる

第二章 世界サイバー戦争
——ハッカー大戦争の戦勝国は中国・ロシア・北朝鮮

第三章 核攻撃の脅威
——米国との核シェアで対抗

第四章

中国包囲網の構築

——「親日国」台湾・インド、カギをにぎる中央アジア

第五章 内部崩壊の画策――中国の権力闘争の逆利用

第六章

中露分断工作——ロシアを取り込む絶好のチャンス

第七章

日本の自立自尊戦略
——世界に尊敬されたかつての日本人に学べ

第一章

戦後最大の危機

——中国との戦争がはじまる

「米国は世界の警察官をやめる」の衝撃

オバマ大統領が「世界の警察官をやめた」と発言したことは温度差こそあれ、同盟国に強い衝撃を運んだ。嫌軍色強いオバマ大統領の資質にも問題が多い。

この言葉の深甚な影響度は、目の前のテロリスト集団＝ＩＳＩＬ（イスラム国）の暴力と跳梁《ちょうりょう》を前にして、地上軍を派遣できない米国、そのアフガニスタンとイラクで勝利が覚束ないままますごすごと後退してきた現実を目撃してきただけに真実味がある。

米国は湾岸戦争、アフガニスタン戦争、イラク戦争でくたくたに消耗し、疲弊し尽くした。そのことをもっとも喜んでいるのはアジアの覇権を狙う中国である。

日米安保条約によって国家の安全保障を米国に依存している日本は長く平和のぬるま湯に浸かりきってきた。したがって大多数の日本人には、いまの危機が招くであろう次の本当の危機を正確に予測できないようだ。

だから最大の脅威である中国に対して日本人の多くがいまも甘い幻想を抱いている。

二〇〇一年九・一一テロ事件以後、米国は中国を「戦略的パートナー」と賞賛し、対テロ戦争での協力を求めた。

それまでは軍事的対峙を曖昧にするというクリントン政権以来のふやけた姿勢が続行さ

れていた。米国が強く出るか、弱く出るかはそのときの国際環境次第で「曖昧にしておく」というところがミソだとクリントン大統領はにやにや笑いながら発言していた。

「『曖昧戦略』は戦略とは言えないのではないか」と共和党関係者からは強い批判もあった。

しかし二〇〇一年、ブッシュ・ジュニア時代にテロリストとの戦争を言明し、国家安全保障に関しての情報部門を統合した米国は中国に戦略的に近づくという過ちを犯した。

中国の取引条件は「ＥＴＩＭ（東トルキスタンイスラム運動）」をテロリストと断定してもらうことで、これにより中国はウィグル族弾圧への合法性を得た。中国はウィグル族に対して血の弾圧を強める。

反面、多くのウィグル人の若者が国境を越えてアフガニスタンのタリバンの下に走り軍事訓練を受けた。そのうちの三〇〇〇人ほどがＩＳＩＬ（イスラム国）に加わった。「外人部隊」およそ七〇〇〇名といわれるなかの「中国籍」というのは彼らのことである。

二〇〇〇年代初頭、ロバート・ゼーリック国務副長官は「中国とはステーク・ホルダー」（利益共同者）と高い評価をなし、ブレジンスキー元大統領補佐官ともなると米中は「Ｇ２」の関係と持ち上げた。おいてきぼりされる日本では「ジャパン・パッシング」など自虐的な修辞がメディアにならんだ。

二〇〇八年の北京五輪前後まで、米中関係はまるで蜜月で、中国のおそるべき軍拡の実

南沙諸島・ミスチーフ礁でも中国が（写真：共同通信社／アマナイメージズ）

態にはひたすら目をつむってきた。

胡錦濤《フーチンタオ》は「韜光養晦《とうこうようかい》」（牙を隠せ）路線を静かに変えた。徐々に軍事的野心をむきだし、アジアの覇権を公言するようになり、南シナ海で横暴な軍事行動を採り始めた。尖閣諸島も中国領だと言いだし、民間漁船を偽装した中国海軍が無数に領海侵犯を繰り返し、尖閣上空を含む空域に一方的な「防空識別圏」を設置する。

たとえばスプラトリー諸島ではガベン礁にヘリポートと軍事施設が完成し、ヒューズ礁にはサッカー場一四面分の面積に対空高射砲塔が建設されている。ファイアリークロス礁には軍港と軍事用滑走路といった具合で、これらはフィリピンなどが領有する海域である。ベトナム領海の永興島《ヨンシン》には二六〇〇メートルの滑走路が完成している。

毛沢東《マオツェトン》を尊敬するという習近平《シーチンピン》の登場により、

中国はあからさまな「大国意識」を前面に出し、高らかに「アジアの覇権」を謳い、周辺諸国を不安に陥れた。

中国がこうした無謀な海賊行為に走り出すのも「大国の振る舞い」であり、優位性を追求する本質的なものが内在しているため避けられないのである。

しかしながら欧米はロシアのクリミア併合を一方で批判し、経済制裁を課しておきながら、他方で中国の南シナ海の侵略行為に何ら有効な対抗措置を講じていない。

アメリカは中国との地政学競争に負ける

国際政治学の泰斗ジョン・ミアシャイマー教授が指摘しているのは次の点だ。

第一に中国の野心は米国人をアジアから追放したい。第二に中国がアジアの覇権を握る。このために競合するのはロシアと日本、インドであり、これらの周辺国より強くありたいとする。第三に現在の領土体制を変えたい。つまり尖閣諸島、台湾を奪取し、南シナ海までを「中国の湖」とすること。

「これらは、中国が『悪い国だから』、『文化に問題があるから』抱く野望ではありません。私の理論では、大国とは常にこう振る舞うものなのです」とミアシャイマーは言う。したがって習近平の個性、個人的野望からではなく、国家としての勢いの現れであると総括している。(『文藝春秋』一五年三月号のインタビュー「中国の野心は核でしか止められない」)

オバマ大統領はクリントン政権以来の「曖昧戦略」を反古《ほご》とするかのように二〇一一年末に「アジア・ピボット」を言いだし、中国の軍拡にそれなりの対応を見せた。アジアへの軍事力シフトを明確にしたのだ。

ヒラリー国務長官(当時)は、「G2は存在しない」と宣言し、返す刀でミャンマーへ飛んでテイン・セイン大統領とあって、それまでの経済制裁を解いた。この時点で米国は静かに中国囲い込み戦略を開始したのだ。

西欧のメディアもそうだが、冷戦が終結してから中国の軍事的台頭が露骨となるまで、左翼リベラル派が論壇を席巻していた。欧米マスコミは中国、韓国の日本叩きにも同調し、日本を批判する傍らで中国を高らかに楽観的に褒めそやしてきた。

環境が激変し、米国の姿勢が中国に厳しくなるとともに中国観も変わった。

米国の左派は「人権」を楯にひたすら民主化を要求するという基本路線を拡大し、中国の軍事的脅威という現実を前に強硬姿勢に変える。その典型はハト派論客ジョン・アイケンベリー(プリンストン大学教授)の対中宥和路線からの離脱であり、彼は「中国に幻滅した」と『フォーリン・アフェアーズ』(一三年五・六月号)に書いた。

そしてチェイニー元副大統領の安全保障担当補佐官だったアーロン・フリードバーグ（プリンストン大学教授）が米国の対中国観の主流として登場した。米国の軍事的優位を維持し、日本などとともに中国封じ込め戦略の提唱である。

つい数年前の米国の中国観と比較すれば様変わりなのである。

「攻撃的現実主義」をとなえるジョン・ミアシャイマーの中国への強硬路線の訴えに多くが耳を傾けるようになった。

ミアシャイマーは、ブレジンスキーらのいう「オフショア・バランシング」（たとえばリビア空爆のように遠くから空爆などで米国は関与したことにする）という消極的関与を批判し、たとえば日本が一カ国で中国と対峙するのは不可能であり、オンショアに打って出よと提唱した。

戦略研究家のエドワード・ルトワックは「ツキディデスの罠」を比喩に用い、「ある大国が登場し、周囲に脅威を与えるようになると周辺国はそれまで交信も希薄で、むしろ敵対的であった関係をすてて団結をみせるようになる」と説いた。

しかしルトワックに反撃するかのようにミアシャイマーは主張する。

野心的な覇権国が出てくると、それに対抗する目的で「バランシング同盟」が結成されると主張することが多い。ところが歴史的に見れば、そのような同盟関係がタイミングよく効果的に形成されることはほとんどない。脅威を受けた国々は、危険な国に対して同盟を形成するよりも、むしろバック・パッシング（責任転嫁）し合うことを好むからだ。

（ジョン・J・ミアシャイマー、奥山真司訳『大国政治の悲劇』五月書房）

そして次の段階へすすむとどうなるか。

国家が地域覇権を達成すると、その次には新たな狙いが出てくることになる。それは「他の大国が地域覇権を達成するのを阻止する」というものだ。言い換えれば、地域覇権国はライバルの登場を嫌うのだ。その主な理由は、地域覇権国――その地域で圧倒的な存在――が世界を自由に徘徊《はいかい》でき、世界の他の地域に介入できるからだ。

（同前掲署）

要するにミアシャイマーの議論は「スパルタの罠」に類する理論だ。新興の大国はいずれ周辺国を従える野心に捕らわれ、支配を始める。それが大国の宿命でもあると主張するのである。

アーロン・L・フリードバーグ教授は、チェイニー元副大統領の補佐官を務めた。ブッシュ・ジュニア政権で安全保障政策を決めていたのは誰もが知るようにチェイニーだから、そのブレーンだった彼は事実上、アメリカの国防政策の立案現場にいたことになる。

フリードバーグはもっと悲観的である。

もし現在のトレンドが継続すれば、アメリカは中国との地政学的競争に負けてしまうだろう。敗北は一気に到来するのではなく、静かに訪れる可能性が高い。中国指導部は対立を模索していない。反対に、冷戦終結以来、中国は自国のパワーと影響力を拡大させつつ、アメリカのパワーと影響力を弱体化させ、収縮させるために慎重な戦略をとってきた。もし中国による軍拡が進み、アメリカが財政的制約、国内政治からの圧力、さらに誤った戦略的自制によって現状を超える積極的な対応をとらなければ、西太平洋における軍事バランスは急激に中国に傾き始める。

中国のパワーが成長を続け、中国が一党独裁によって統治されていくのであれば、アメリカとの関係は日増しに緊張し、競争的なものとなっていく。これこそが現在進行している事態であり、好き嫌いにかかわらず、これこそがアメリカとその同盟国が選択の余地なく備えるべき未来なのだ。

（『支配への競争』佐藤亮監訳、日本評論社）

米国の力の衰退という現実を日々わたしたちは目撃している。だからこそ日本は自主防衛力を高めておく必要があり、少なくともロボットや航空機などの汎用技術を広範に開発して、「いざ鎌倉」に備えるべきなのである。

中国経済失墜も、挑発を繰り返す習近平

一方、米国の動きに反発する習近平は一四年五月に上海で開催された「相互信頼醸成措置会議」（CICA）で「アジアのことはアジアにまかせよ」と挑発的な演説をした。言葉を換えて言えば「ヤンキー、ゴーホーム」である。

米国の介入に強い牽制球を投げ、同時に「新しい大国関係」などと意味不明なことを米国との首脳会談で繰り返したが、対中不信感に陥ったオバマは相手にしなかった。

世界を見渡して、いま中国の味方は誰もいない。中国は四面楚歌の状態である。

最後の友邦だった北朝鮮ともいまや犬猿の仲であり、中国に援助と引き替えに応援をい

うのはラオスとカンボジアだけ、かの華僑国家であるシンガポールも中国の軍事力に対応するため米空母の寄港を認めている。

そればかりか、シンガポールは従来軽視してきた日本の首相を安保対話に主賓で招待し（二〇一四年五月の「シャングリラ対話」）、基調演説をさせるほどの変身をとげている。

中国の潜水艦が寄港するスリランカも二〇一五年一月の大統領選挙では親中派ラジャパクサ大統領が落選という、中国にとっての番狂わせがおき、中国が展開中だったコロンボ沖埋立て開発プロジェクトは中断された。

ロシアの中国との協調路線は政治的打算のもと、プーチンの演出にすぎない。

かくして米国は対中戦略を「エンゲージメント」（積極的関与）から「コンテインメント」（封じ込め）への過渡期にあり、経済では交流を拡大するが、軍事的には封じ込めるという「コンゲージメント」路線に修正しつつある。

この冷厳な国際情勢の現実を、みようともしないのが日本である。国会での安保論議は異次元のレベル、国際常識を無視した法律論と幻想の平和に酔いしれ、他方、日本国内ではモラルもエチケットもない中国人旅行者を「お土産をたくさん買ってくれるから」と歓迎している。

そして、こうしたにわか成金ぶりの中国のＧＤＰ統計もすこぶる怪しいのである。

日本でも中国のＧＤＰ統計のいかがわしさに関しては「嘘放送」との指摘が多くのエコノミストや経済学者によってなされ、産経新聞の田村秀男氏にいたっては「電力消費量」と「鉄道貨物輸送量」から推測して、「マイナス成長」ではないか、と主張される。筆者も「せいぜい四％程度だろう」と過去一年の拙著（たとえば『中国大破綻』ＰＨＰ）のなかで明瞭に指摘してきた。

英国のシンクタンク「ロンバード・ストリート研究所」のダイアナ・チョイレバ研究員は「中国２０１５年第４四半期のＧＤＰは１・７％下がっており、年間を通じて４・４％成長が妥当な実態だろう」と発表した。

「中国政府は貨幣増発による景気刺激策をとっているが、その規模と速度は米国の二倍に達しており、２００９年のリーマン・ショック以後、食料品はほぼ50％上昇し、不動産価格は沸騰した。この過熱状態は終わり、ハードランディングになるだろう」とダイアナ女史は二年前から指摘している。

彼女がもっとも関心を寄せた数字は鉄鉱石価格の下落率が四九パーセント、核エネルギー資源が三九パーセント、商品市場の下落率が二九・二パーセントという惨状である。同時期、中国の輸出は三・三パーセントしか増加していないにもかかわらず、輸入は一九・九パーセントの増加ぶり、また海外からの直接投資（二〇一四年）は九四〇億ドルだったが、対外流出が九五〇億ドルとなって収支はマイナスである。国内不動産投資の債務は七〇パーセントと推定されるが、人民元の価値が上昇するという矛盾がある。結局のところ人民元は一五—二五パーセントほど高い。

ともかく中国の賃金があがり、世界の工場という魅力は急速に薄れた。外国企業ばかりか中国の企業が海外へ工場移転を進めており、GDP成長が五パーセントを割り込めば、失業率も高まり、企業経営は苦境に陥るだろう。これを当面、回避するには人民元の為替レート下方修正で対応するしかないのだが、いずれにせよ中国経済のハードランディングは避けられまい。

日本人人質殺害事件、五つの問題点

日本の安全保障対策がなっていない事実をあますところなく世界に曝したのがISILによる日本人人質殺害事件だった。

このケースを安全保障に絡めて振り返っておこう。

「イスラム国」を僭称するイスラム過激派テロリストの恐喝に日本はなんら効果的な対応措置を講じられなかった。

湯川遥菜氏がトルコ経由でシリアに入国したのは二〇一四年七月二八日のことだ。「現地に会社を作る」などと奇妙な企てをもって本人が撮影した映像では自動小銃で武装しており「護身用」と言った。翌八月一六日に「イスラム国」に拘束されたことが分かり日本政府はヨルダンの首都アンマンに対策本部をおいた。アンマンはイラク戦争、湾岸戦争を通じて多くの情報が交差する情報蒐集ポイントだからだった。

一〇月二五日に湯川救援に向かった後藤健二氏が「イスラム国」の「首都」ラッカへ出発し、行方不明になった。後藤氏は外務省や政府筋から渡航を自粛するよう再三にわって要請されていたが「万が一があっても自己責任だ」と発言していた。週刊誌によれば後藤氏を案内した現地のガイドが裏切ったそうな。一二月三日に後藤夫人が身代金を要求されていることが判明した。

年が明けて二〇一五年一月一七日、安倍首相は訪問先のエジプトで演説し、人道援助のため二億ドルの支援を表明した。同月一九日にはイスラエルへ飛んでネタニヤフ首相と首脳会談を行った。

衝撃的映像がユーチューブに流れたのは翌日である。

すなわち二〇一五年一月二〇日、ふたりがオレンジ色の囚人服を着せられ、イスラム国は「七二時間以内に二億ドルの身代金を支払わなければ殺害する」と予告した。

日本政府は関係国、周辺国首脳に電話をかけたり、アンマンの対策本部には中山泰秀外務副大臣を残留させ、交渉に当たらせる。また人質となった二人の映像が合成ではないかとする情報分析も流れた。

情報の確認が遅れ、日頃から他国との情報コネクションの悪さが響いた。ただひとつ評価できることがあったとすれば、「テロリストには屈しない」と毅然とした態度で臨んだ安倍首相の不抜の決意だっただろう。

一月二四日、殺害された湯川氏の写真をもった後藤氏の画像が公開された。直後からイスラム国は身代金を取り下げ、代わりにヨルダンに収監されているサジダ・リシャウィ死刑囚の解放を要求し始める。ある分析によればこの時点でイスラム国の主流派と反主流派で思惑が異なり戦術が分かれたという。それまで死刑囚釈放を要求したことはなく、身代金に拘ったのがバース党残留組を主体に軍事作戦に秀でたイスラム国主流派で、身代金ではなく死刑囚との交換という政治色を露骨にしたのが反主流派ではないか、というのだ。

一月二七日に再び後藤健二氏の映像が音声とともに流れ、しかし「死刑囚を二四時間以内に釈放しなければ後藤氏を殺害する」と脅迫した。ヨルダン情報筋では後藤氏とともに殺害予告されたヨルダン軍パイロットのモアズ・カサスベ中尉はすでに殺されているとし、死刑囚との交換には疑問符が打たれた。二月一日に後藤氏が首をえぐり取られて殺害されたという残忍な映像が流れた。ついで二日後、ヨルダンのパイロットを焼き殺す映像が流れた。翌日にヨルダンは死刑囚らの死刑を執行した。

この事件で浮かび上がった問題点を整理してみる。

第一に「超限戦」を地でいくように、ネットをフルに使っての宣伝と心理戦争で日本も世界も少数のテロリストの宣伝技術に振り回されたことである。「国家」を僭称するテロリスト集団が大国、列強をＳＮＳを駆使して振り回し、震撼させたのだ。

また交渉スピードの迅速化というネット通信の変化、ならびに世界同時性という従来なかったテロの形式が登場したことである。

第二に日本の平和路線が過酷な現実の世界のまえにまったく効果がないという悲惨なリアリティが示された。

またほとんどイスラムとは無縁の、自由な国々からもイスラム国へ向かって聖戦に志願する若者たちの夥しさに、ネットのもつ兵器としての威力をまざまざと見せつけられた。

第三に日本には国家として致命的な欠陥があること。すなわち世界一の福祉社会でありながら防衛力が貧弱なばかりか、情報機関がないという「普通の国」ですらない哀れな現状が世界に曝されたことだ。

現地での情報ネットワークもなければ協力者も不在で周辺国に交渉を頼らざるを得ないという醜態が演じられた。吉田松陰は間（スパイ）の重要性を説いた（『孫子評註』）が、兎の耳はなぜ長いのかという寓話さえ、日本の政治には反映されていなかった。

第四に日本の脆弱性、すなわち身代金を日本が支払いそうであるという過去のダッカ事件やキルギス事件などでの「実績」がひろく世界のテロリストに知られていたことと同時に日本には現地へ急派される特殊部隊がないこと、若干訓練されたチームがあっても海外派遣に必要な法整備も経由地との打ち合わせ体制もできていない事態などが浮き彫りとなった。

第五に日本の危険信号に対して欧米ならびに産油国の多くが協力的だったが、中国は他人事として冷たく見ていた事実もあることを物語る。

それればかりか陰謀と秘密工作が得意な中国はイスラム国と闇取引している形跡がある。彼らの資金源である原油の密売ルートで、大量の顧客は中国らしいこと、またイスラム国に加わっているウイグル人を「減らす」ことを密かにイスラム国の幹部に要請したという噂もある。

こうした中国の魑魅魍魎《ちみもうりょう》的謀略と比較して、日本は政治の舞台裏の謀略にあまりにナイーブである。

情報機関を設立しなければまた犠牲者が

こうした反省から生まれてきた教訓とはなにか。

第一は情報機関設立の喫緊性である。

過激派の動向をつかみ、安全保障に寄与するため日本にもCIAが必要なことは言うまでもない。謀略とは戦争の要であり、倫理観をこえた現実的政治である。

とくに現地の文化、歴史に通暁し、言葉も喋ることができる人、機密工作に従事できる愛国者が必要だが、現時点で採用可能な策とは「駐在武官」の拡充である。

イスラム過激派のテロで、日本人ジャーナリストらが殺害され、日本のマスコミが大きく報じた直後から論壇を騒がせている議論は「安全保障局の拡充」、「テロ対策特殊部隊の拡充」などだが、日本版CIA創設は自民党内でようやく議論になった。

日本の情報戦略にはこのような欠陥があるため、過去に日本がやってきた平和への積極的関与とは国際会議、国際機関での決定事項への経済的な協力がメインであり、たとえば二〇一五年二月上旬のイスタンブールで開催された「G20財務相・中央銀行総裁会議」でも「テロ資金遮断へ結束する」という共同声明が出されたが、具体的に日本が資金提供をしても、高度の情報を欧米から提供されていない。

第二に駐在武官（日本では防衛駐在官）の拡大と権限付与である。そもそも諸外国の大使館は当該国から派遣された軍人が警備するもの。わが自衛隊には、この枢要な任務が与えられていない。

どの国も大使館レセプションでは大使の隣は駐在武官である。日本が外国でおこなう儀式で駐在武官の序列がたいそう低いため当該国の情報将校との接触も難しい。

現在、自衛隊員が駐在武官として駐留するのはイラン、アフガニスタン、クエート、サウジアラビア、イスラエル、アルジェリア、レバノンなど九カ国にすぎず、二〇一五年中にモロッコ、ヨルダンへの派遣が検討されている。

第三に総合的な危機管理の機構整備と強化である。機構は一元化が望ましく、また佐々《さっさ》淳行《あつゆき》氏などは「首相直属の情報局」が必要としている（『産経新聞』一五年二月二日付け「正論」）。

現状は警察庁、防衛庁、内閣府、公安調査庁に権限も組織も分散されており、統合的なアクションが取れないのだ。

一四年一〇月末現在、世界に駐在する日本人は一二六万人だが、このうち一万五〇〇〇人が中東ならびにアフリカ諸国に住む。人質になる危険性がある。

表面化しているイスラム過激派は「イスラム国」だけではなく、元祖アルカィーダはビンラディン亡き後もアフガニスタンに健在である。「イスラム・マグレブ諸国のアルカイーダ」はアルジェリアで日本人エンジニア一〇名を殺害した。イエーメンには「アラビア半島のアルカィーダ」が、ソマリアには「アルシャバーブ」なる過激派が盤踞《ばんきょ》し、ナイジェリアにはイスラム国と同様に残忍な「ボコハラム」が少女誘拐、自爆テロ、恐喝などを繰り返し、ナイジェリアの無法地帯を形成している。シリアには「ヌスラ戦線」、マリには「アンサールディーン」。

そして翌一五年四月一日にはケニアの大学が過激派に襲われ、じつに一四七人殺された。これらの過激派の情報を掌握しているのはイスラエル、ヨルダン、エジプト、そしてトルコである。しかし日本政府はこれらの情報機関と正式なコンタクトもなく、情報交換の場もなかった。提供する情報が日本側にないから仕方がないというのは言い訳にすぎず、取引材料がなければカネで買えばよいのだ。要するに米CIA、英MI6のような情報機関は独・仏・露、イスラエルに完備しており、自由世界で情報機関がなくても暮らせてこられたという戦後の摩訶不思議な日本の僥倖《ぎょうこう》は去った。

屈辱、差別、激情――「感情」が世界を動かす

「グローバル化が進むにつれ『感情』が国際情勢を動かす」という名言を吐いたのはドミ

ニク・モイジ（フランス国際関係研究所特別顧問）だ。

モイジはとりわけ欧州におけるイスラムに焦点を当てて、パリで、コペンハーゲンできたムスリム過激派でアルカィーダなどと勝手になのるテロリストの屈辱と被差別の感情を挙げる。「恐怖」「屈辱」という感情があるとすれば移民たちは貧民街にかたまって住み、差別をうけ、その屈辱を晴らそうと激情を爆発させテロに走る。かたやイスラム穏健派は報復を恐れ縮こまりがちになり、「恐怖」におびえる。

そこには希望がない。中国にも希望が消え、絶望が広がって過激な暴力沙汰やテロ、暴動が頻発する。

「希望」に満ちているはずのインドにも感情の要素がある。暗い影の部分がある。

日本人女性を一カ月にわたり監禁し暴行をくわえたインド人グループの凶悪性犯罪も起きた。このような性犯罪は世界中どこにでもあり、日本のメディアが興味本位に猟奇趣味を煽って大騒ぎをした。

重要なのは宗教の側面である。

たとえばインドにはイスラム過激派のほか、ヒンズー原理主義という厄介な過激派がいる。そして一冊のヒンズー研究の書物が「ヒンズーの神々を愚弄し、神聖さを冒瀆した」として焚書坑儒の憂き目に遭遇した。

これを「インドのサルマン・ラシュディ事件」という。

ウェンディ・ドニガー女史はニューヨーク生まれのユダヤ系ヒンズー学者。シカゴ大学でインドの神話、文化、サンスクリット語からの翻訳など世界的に有名なインド学者だが、インド国内では「ヒンズー教を理解しているとは言い難く、一段高いところからヒンズー文化を論じるのは許せない」とする批判が渦まいた。デリーで開催された世界書籍フェアにヒンズー原理主義グループが押し寄せ、出展元のペンギンブックに対して、ドニガーの新作『ヒンズー　もう一つの歴史』の出展を見合わせるよう激しく抗議した。この書物は二〇〇九年に出版されたものだが、初版以来、批判が絶えなかった。けっきょくペンギン側は、抗議グループに折れてドニガーの書籍をフェア会場から引き払ったばかりか、全インドの書店からも撤収を発表した。

インドのマスコミでは侃々諤々《かんかんがくがく》の議論に発展し、「報道の自由」「表現の自由」を犯す愚行と批判的なジャーナリストが多い。しかしインド憲法第一九条第二項は「いかなる言論の自由も許されるが、合理的判断において出版を差し止めることができる」とう例外条項があり、かつてサルマン・ラシュディの『悪魔の詩《うた》』を世界で最初に発禁処分としたのはインドだった。

ラシュディの著作は予言者モハメッドを愚弄しているとしてイランの狂信的宗教指導者

が「死刑判決」をだしたため英国当局はラシュディの逃亡を幇助、しかしトルコなど世界中でラシュディの翻訳者らがテロの犠牲となった。日本でも筑波大学の五十嵐一《ひとし》助教授が翻訳したためテロの犠牲となったように、世界が顰蹙《ひんしゅく》したことだ。

一五年一月にも、パリでイスラムを風刺した週刊誌の編集部にイスラム過激派が機関銃をもって襲撃し、一二名を殺害した残忍さをみせつけ、世界が震撼した。

名著と言われる『文明の生態史観』を著した梅棹忠夫はインドのヒンズー文明圏からイスラム社会を現地踏査して、「東洋でも西洋でもない中洋」と呼んだ。そして梅棹はこれら中洋世界を次のように書いた。

　おどろくべき習慣、戸まどいする奇妙な風習が、いっぱいでてくる。そのおおくは、宗教的なものである。（中略）ながい歴史の産物である。（中略）現代においては、あるいは未来に対しては、むしろ重荷となっている。しかし、それはわかっていても、ながい歴史のあるものを、一朝一夕に「合理的に」あらためることなどは、できはしないのである。

さはさりながら「問題は解決するためにある」と。ウェンディ・ドニガー女史には過去十数冊の著作があり、なかでもヒンズー教徒の死生観、夢、セックスと女性についてなどの考察が米国のインド研究者のあいだでは評価されている。

傲慢な中国の軍国主義へどう対抗するか

中国の狂気の軍拡という恐るべき現実を前にどう対応すればいいか具体的に提案したい。第一にハッカー戦争への対応である。これに関しては次の章で詳細をみる。

「ホワイト・ハッカー」とは「正義のハッカー」を意味する。ようやく日本政府のハッカー攻撃予防専門チームに配属されることとなった。

高度なコンピュータ技術が必要で、米国でもハッカー・マニア、ハッカー・ボーイから探し出して、専門職につけている。

日本政府は公募と大会優勝者などをスカウトし、サイバーテロ対策を総括する内閣府サイバーセキュリティセンターの職員、研究員とする。サイバーセキュリティセンターには現在八〇名の職員しかおらず、来年度にようやく五〇パーセント増員の一二〇名態勢となる。ハッカー技術に長《た》けた若者は、往時の将棋やチェスコンテスト同様に、技術自慢が多い。欧米は大学に奨学金をだして、ホワイト・ハッカーを補充している。

これは米国でおきた天才少年ケビン・ミトニックがなんとＦＢＩのコンピュータ・システムに侵入したり、捜査官に大胆に挑戦状をおくったり、しかも二年間捜査網から逃げおおせていた。このためケビン・ミトニックは伝説上のハッカーとなり、伝記ばかりか映画にもなったほど。中国軍人らがかいた『超限戦』にも名前がでてくる。その後、ケビンはＦＢＩに協力しホワイト・ハッカー側になったのである。

日本のハッカーによるＨＰ改竄《かいざん》などの被害は二〇一三年度だけでも五〇〇万件を越えており、対策が後手後手にまわってきたが、イスラム国の跳梁、東京五輪をひかえ、もはや悠長に構えてはおられなくなった。

第二は米国ばかりか日本、豪、インドが加盟した新しい軍事同盟の正式構築が急がれる。これは南シナ海からインド洋、ペルシア湾へといたる中国軍の突出、その基地化を「真珠の首飾り」というが、これを囲い込み、破砕する準軍事的協力体制である。

第三は心理戦、スパイ戦争の拡大による同盟国からの反撃である。

中国軍幹部をエージェントに使い、第二砲兵（戦略ミサイル軍）の情報を把握し、あるいは代理人を軍のなかに工作して中国の指令系統、システムに「トロイの木馬」を仕掛ける密かな作戦も必要になるだろう。

第四に中国経済を内部から崩壊をはやめさせるために高等な戦術を検討しなければなら

ない。

最近、筆者が講演会などでよく質問されるのは「中国経済の崩壊が予測されて久しいのに、まだ崩壊しない。そればかりか、上海株式は上昇しています。これらの事象をみていますと、宮崎さんの予測とは逆のことが起きていますね」というものだ。新聞だけを読んでいると表面の動きを掌握しているだけだからこういう疑問が膨らむのも無理はない。

ともかく世界第二位のGDPを誇る中国は巨大ゆえに、一夜で潰《つい》えることはありえないが、不動産バブルは瓦解しており、デベロッパーの倒産が連鎖している。国有四大銀行ならびに公的一三の銀行は不良債権を糊塗するために、壮大なごまかしをやっており、そのあおりで真実の公表に頬被りした米国の四大監査法人は罰金を支払わされた。

中国人民銀行など金融当局は預金準備率を引き下げ、理由のない緊急貸し出しを数回も行い、さらに大手企業の債権デフォルトを予防するために、「謎の投資家」が次々と登場したり、あらゆる手段を講じて防戦中である。

中国経済は危殆《きたい》に瀕しているにもかかわらず、まだ持続可能なのは外国企業からの直接投資が続いているからだ。二〇一四年度も速報では、海外からの直接投資は一二三〇億ドルに達しており、この額面を相対取引で中国は国内に人民元として供給できる。それが銀行の不良債権の爆発を回避させている構図である。

しかも米国のＦＡＴＣＡ（外国口座税務規律順守法＝主としてアメリカ人富裕層の外国口座を調べ納税洩れを監視する強制力をもつ法律）の発効により、世界のタックスヘイブンに逃げていた巨額不正資金の一部が「外国籍」を装って中国に環流しているため、上海株式が椿事のように上昇している。中国経済の破裂は秒読みだがこれを回避するために次に国務院が打ち出すのが稀有壮大というより破滅へ向かっての世紀の賭け、すなわち都市化プロジェクトが開始される。ゴーストタウンをまた増やすだけのことだが、経済成長維持のトリックをしばらく中国は続けざるを得ないのである。

汚職キャンペーンの実態

詳しくは第五章で論じるが、中国は外向き強そうに見えて内部の権力闘争はすさまじさを増している。

中国の反腐敗キャンペーンは中国国内から海外に及んできた。これまでは不正資金を持ち出して外国へドロンすれば「安全」といわれた死角が崩れたのだ。

公安部のキャンペーンは「猟狐二〇一四」と命名され、中国は世界六三カ国と捜査協力、犯人引き渡し条約を相次いで締結した。これまで鎖国状態だった中国にとって早業のような捜査協力促進は異例である。それほど事態は切迫している証拠でもある。

全人代報告で汚職の取締りを受けた公務員は五万五千人。公式統計で一万八〇〇〇名もの共産党高官、国有企業幹部らがすでに海外へ逃げ、持ち出した金は最小に見積もっても、一兆八〇〇〇億ドル（中国共産党中央規律委員会の秘密報告）。実際にはもっと巨額でワシントンのシンクタンクGFI（グローバル・ファイナンシャル・インテグリティ）は三兆七八〇〇億ドルと見積もっている。

GFIの数字は驚異的だが、じつはCIAから情報をもらっているらしいので精度が高いと評価されている。

一四年一〇月末現在、海外逃亡組逮捕に幾ばくかの成果があがったことが分かった。

四〇ヶ国あまりで逃亡犯一八〇名を拘束し、このうち七六名が中国に送還された。なかでも一〇〇〇万元（二億円弱）を持ち出していたのは四四名にのぼった。

（『東方新報』一四年一一月一三日号）

どうやら逮捕者が多いのはカンボジア、タイ、ラオスで、先進国での逮捕者は少ないようだ。またアフリカなどは黒人のなかに暮らす黄色人種だから捜査がしやすいという側面もある。

相手国との捜査協力では、疑惑のある中国人のリストを提出し、とくに逃亡犯が集中して逼塞《ひっそく》する地域、特定の業種（貸金業が多かった）、建設業、貿易業などを見張ってきた。

手配されたなかには藍甫《ランプー》（厦門市前副市長）、萬里（貴州省交通庁前庁長）、温玲《ウェンリン》（深圳市南山区政協前主席）、陳伝柏（昆明たばこ前工場長）、許超凡《シューチャオファン》（中国銀行元開平支店長）らが含まれていた。

しかし拘束された〝裸官〟はいずれも小物ばかりで、逃げ込んだ先ですでに市民権を獲得していたり、偽造パスポートで隠れ住んでいるケースが目立つ。

また米国カリフォルニア州の「妾村」ばかりか、カナダ、豪など「貪官楽園」と呼ばれる国の特定地域には「貪官一条街」とか「腐敗子女村」がある。

「市民権」を楯にされると、カナダ、豪、米国では人道的配慮から捜査に限界がある。

カナダや豪のパスポートを持っている犯人等は、まず当該国の法律で裁かれ、しかるのちに本国送還となるので最長一〇年の裁判がかかることもある（「遠華事件」の主犯はカナダに逃げ込み一〇年間、カナダが人道上の理由で政治保護をしたように）。

中国は反腐敗キャンペーンの一環として、収賄、横領容疑で米国へ逃げた経済犯罪者のリストを二〇一四年八月に米国当局に手渡していたことが分かった（『サウスチャイナ・モーニング・ポスト』二〇一五年三月二四日）。

具体的には一五〇名の公務員ならびに党幹部、そして国有企業幹部のリストである。しかし米国はたしかな証拠があっても、中国の裁判制度が不透明である限り、人権尊重の立場から送還することは考えられないとする当局の立場を明らかにしており、ましてや中国と米国には犯罪者を送還する協定が存在しない。

一方、反腐敗キャンペーンとの関係は微妙だが、子どもを早くから外国へやって、学校教育を受けさせる風潮はいまも蔓延している。上海の富裕層は一二歳の子どもを外国へ送り出し、母親がつきっきりのケースが増えていると伝えている。子どもひとりの学費だけでも年間三〇〇万円から六〇〇万円が必要、生活費は別である。

とくにカナダでは、このようなケースが急増し、毎年二倍増が過去数年間続いた。なかには幼稚園からカナダへ「留学」させるケースもある。カナダでは高等学校の学費でも年間五〇万円かかる。

米国には中国から二万四〇〇〇名が私学へ留学している。公立高校が一四〇万円、私学だと四〇〇万円もかかるが、親は子どもが将来、外国での就労に便利なように、大金をいとわずにつぎ込む。だが、一人っ子政策の弊害が、このような変形したかたちで現れている矛盾を指摘する声は少ない。ドイツでさえ、ある大学では六三〇名の学生のうち四〇名が中国大陸からで、「これ以上は増やせない。我が校はドイツ人のためのものである」（南華早報、二〇一五年三月二六日）とした。

また巨額の持ち逃げも現金などでは相手国の検査にひっかかるケースも続出しており、このため持ち出し手段も手が込んできた。

X線検査をすりぬける特殊ダイヤモンドにかえたり、なかには自家用ジェット機に札束を積み込み、検査の緩い空港を目指す手合いもいる。

それはともかくとして公安部の展開している「猟狐キャンペーン二〇一四」は、本当の黒幕を泳がせているものの、いくばくかの成果を上げたようである。

「スイスリークス」で世界の金融界も大波乱

中国のみならずギリシア危機など次々と問題が惹起《じゃっき》されるので欧米の銀行界は未曾有の経営危機に見舞われている。

すべからく元凶は九・一一テロ以後の米国の「対テロ戦争」のあおりである。米国は大統領に不法資金移動を監視する権限をあたえ、宇宙を遊弋《ゆうよく》する偵察衛星は世界的規模で五万ドル以上の資金がテロリストへわたらないか、その動きを監視している。

ところがその思わぬ副産物が欧米露、そして中国の富裕層らの隠し預金の実態が明らかにされたことだった。米国は密かに中国に怪しげな共産党幹部らの預金リストを渡したのではないかという疑惑もある。なぜなら中国の反腐敗キャンペーンが海外へ逃亡した人名と不正に持ち出された資金の具体例を掌握し摘発しているからだ。

そして二〇一四年、ロシアのクリミア併合のあと、米国がロシアに課した制裁第一弾はプーチン側近等の海外資産凍結だった。

そのうえ、米国に新しい動きが加わった。

二五万ドル以上の預金を事実上制限し始めたのだ。これは大ニュースだが、日本の預金者とは無縁なのでメディアが軽視している。

新ルールではヘッジファンドなどの預金には銀行側が一〇〇パーセントの準備金が必要となるほか、浮動性の高い預金にも四〇パーセントの準備金が必要となる。そんな措置を執られたら常識で考えても銀行経営は成り立たない。

米国銀行界は二五万ドル以上の預金を事実上制限されるため、逆に二五万ドル以上の口座から管理料をとる方針に傾いた。げんにＪＰモルガン銀行は一五年二月から預金管理料を預金者から徴収しはじめた。まるでスイス銀行並みである。

銀行は「二五万ドル以上の預金にはＦＤＩＣ（預金保険機構）の保証がない」ことを理由とする。

しかし本心は別のところにある。

香港返還直前に上場地をシンガポールへ移転させ、さらに英国のミッドランド銀行を買収して本拠をロンドンに移転させたのがHSBC（香港上海銀行）だ。もともとはユダヤ系サッスン財閥が上海に設立した老舗バンクである。

このHSBCが富裕層に「脱税指南」を、スイス支店を拠点に行っていた事実がばれた。スイスの口座には世界二〇〇カ国と地域から一二〇〇億ドルの預金があった。しかもHSBCグループ前会長は、キャメロン政権前期の貿易・投資担当大臣だった。HSBCは一九九九年にスイスの銀行を買収し、以後、長年にわたって「顕著な低税率基準」を預金者に適用し「節税」の便宜をはかってきた。

またスイスからどっと隠し口座の解約がなされ、カリブ海のタックスヘイブンへ向かっていたが、これも米国の偵察衛星に監視されている。

旧正月に日本へやって来て、高級炊飯器などの「爆買い」に熱狂する中国人観光客による免税店での買い物風景を、なんだか楽しそうに日本のメディアが伝えている。円安で大量にやってくる外国人観光客を手放しで喜んでいるのは一部業界でしかないのに。

まして買い物をしているのは中国人富裕層でない、彼らは中産階級である。しかも買い物の目的は帰国後の「転売」と換物投機である。

米国によるHSBC潰し？（写真：アマナイメージズ）

さてスイスにあるＨＳＢＣ（香港上海銀行）の支店はプライベートバンク、顧客口座の秘密を秘匿してきたため世界の富裕層の隠し預金が集中した。「それがスイスの伝統的商習慣だった」（フランコ・モッラ同行ＣＥＯ）

二〇〇一年九月一一日以後、米国はスイスに最大の政治圧力をかけ続けた。「テロリストの資金洗浄に利用されているので、情報を公開せよ」と。ついにスイスは取引に応じた。三年ほどの猶予期間をおいてもらったので、その間にスイスの秘密口座からのカネはざっと世界のほかのタックスヘイブンへ逃げた。

二〇〇七年、フランス当局にたれ込みがあった。ＨＳＢＣスイス支店の元従業員だったエルベ・ファルチアーニが秘密口座のリストを提供したのだ。ルモンドは「国際調査ジャーナリスト会議」と共同で追跡調査を開始し、さらにはその多くのリストが「スイスリークス」に漏れた。このネットから、どっと世界に流れ出た。そのなかには李鵬《リーポン》の娘、李小琳《リーシァオリン》の名前もあった。日本人建築家の名前もあった。

二月一八日、ジュネーブの検察はHSBCスイス支店を捜索した。容疑は「麻薬取引、マネーロンダリング、武器輸出入決済の疑いあり」。

中国が戦争を起こす可能性

こうなると富裕層はカネをどこへ隠すのか。いやそもそも、どうしてこんなことになったのか。

米国がFATCA（外国口座税務規律順守法）を一方的に実施したために、世界のタックスヘイブン地図が大きく塗り替えられたのだ。

テロリストへの資金洗浄、送金ルートの壊滅のため「税金強化」を旗印として、外国に預金する富裕層に課税を強化する。

タックスヘイブン地図が代わり、スイス、ケイマン、ルクセンブルクから巨額のカネはどこへ向かうかと言えば、地球最後の行き先は、皮肉にも北朝鮮と中国になるのではというジョークも大流行だ。ともかく所得格差の天文学的な拡がりと貧しき人々の富裕層への怨念はマグマのように地下で燃えたぎり、爆発は秒読みになる。この破局を回避する方法は対外矛盾とのスリ替えであり、戦争に打ってでる可能性がむしろ高まるのである。

戦争を起こすには、国内デフレ脱却と労働者の就労先確保という潜在的条件がある。反対に戦争に敗れると軍人、軍人家族、引き上げ家族、軍属など、たとえば戦後日本は一度に一千万人の失業者を抱え込んだ。

日本が本格的に投資し、理想のもとに建国した満洲には一〇〇〇万人以上の中国人と朝鮮人がなだれ込み、経済発展の恩恵に服した。日本の植民地経営とは収奪ではなく、善意の投資だったことは誰もが知っている。

日本の投資はある年にはGDPの四三パーセントにもおよび、すべてが持ち出しだった。搾取という列強の植民地支配とは無縁の政策が実行された。満洲で、あるいは朝鮮半島で築いた日本のインフラ、投資のすべてはロシアと中国に、そして戦後の韓国ならびに北朝鮮によって奪われた。大東亜戦争の敗北によってわが国の精神は衰微した。

上念司《じょうねんつかさ》氏の『経済で読み解く大東亜戦争』（KKベストセラーズ）によると、大東亜戦争はアジア植民地からの解放という大義ばかりではその真相には迫れず、ましてや敗因は解けず、「日本がなぜ対米開戦へまっしぐらに進まざるを得なかったのか」を本来語るべきだとし、ジオ・エコノミクス（地政経済学）という大胆な仮説を提唱している。
　この仮説の肯綮《こうけい》と思われるのは「世界恐慌も、昭和恐慌も、すべてデフレを原因とする長期的な経済の低迷なのです」というところにある。したがって上念氏は従来のインフレ説をばっさりと否定し、次のように言う。

　第一次大戦時に、世界各国が金本位制から離脱し、たくさんのお金を刷って軍備を整えたり、兵隊を雇ったりしました。金本位制のもとでは、自国が保有する金の量までしかお金を刷ることができないためです。

　この結果、デフレがおこり、世界列強は金本位に復帰して、モノとカネのバランスが崩れ、デフレとなる。日本は周回遅れで金本位制度を採用し、タイミングを大きく外して金本位制度から離脱したため、経済政策が追い詰められてしまったという。
　アーサー・ピグーは『戦争の政治経済学』（一九二一年）のなかで、次のように戦争の経済的原因を列挙した。
（一）支配の欲求と利益への欲求
（二）製造業者・貿易商・金融業者による膨張政策への支持つまり政治的帝国主義の後押し

（三）兵器製造業の利益追求

この要素はケインズやガルブレイスがさかんに用いた。

戦争を「投資」もしくは「プロジェクト・ファイナンス」として解釈すると、採算が取れるかどうか、ポール・ポーストが『戦争の経済学』で論じた。

（一）戦争前のその国の経済状態
（二）戦争の場所
（三）物理労働リソースをどれだけ動員するか
（四）戦争の期間と費用、そしてその資金調達手法

つまり、当該国が戦争に打って出るには「不況」が前提であり、「戦場はなるべく遠い」ところがよく、「戦争に動員できる余剰労働力」、「生産要素としてのインフラと、民間生産力に戦争に向ける余力があるかどうか」という条件が必要であり、かつ戦費は「国債発行、増税、そして通貨増刷、民間ならびに政府の他の部門の経費削減」にある。

日本はこれらの条件を備えて大東亜戦争を戦ったのではなく謀略によって追い込まれたのだが、まさに英米は上記条件を満たしていた。

地政学的な経済学で戦争に踏み切った。であるとすれば、中国は次にどう出るか？

第二章

世界サイバー戦争

——ハッカー大戦争の戦勝国は中国・ロシア・北朝鮮

サイバー戦争でも日本は遅れをとった

米国はサイバー戦争にいよいよ本腰をいれ、サイバー脅威情報統合センター（CTIIC）を新設した。

二〇〇一年九月一一日のNYテロ事件直後に、米国はCIA、FBI、国防総省（DOD）、そして国家安全保障局（NSA）などの情報機関を統合する「国家情報局」を発足させたが、この機構のなかに、CTIICを新設し、本格的なテロ情報対策の一環としてサイバー攻撃に備える。

米国はサイバー攻撃を実際に展開している国として中国、ロシア、イラン、北朝鮮を名指ししている。ISIL（イスラム国）には、まだサイバー部隊はないと踏んでいるようだ。

また英国の「国際戦略研究所」（IISS、有力シンクタンク）が発表した『ミリタリー・バランス　二〇一五』報告書のなかで、アジア全体の軍拡が拡大したが、なかでも中国の軍事費が全アジアの三八パーセントを占めると警告した。同報告書は中国が「グレー・ゾーン的手法」で尖閣諸島の軍事占拠を実行する可能性にも触れて、そのモデルをロシアのクリミア併合と類似するとした。

日本はハッカー専門家をあつめた特殊部隊を早急に創設することが急務となっている。なぜなら日本の政府機関が受けたサイバー攻撃は二〇一三年だけでも五〇八万件！　対して日本のサイバー対策本部の人員はわずか八〇名、自衛隊のハッカー防衛隊でもたったの九〇名しかおらず、かたや北朝鮮のサイバー部隊は六〇〇名のコンピュータ技術者が「サイバー攻撃隊」に配属されている。中国はネット監視団を含めておよそ二〇〇万人が日夜サイバー攻撃とネット監視に従事しているのだ。

ふたりの日本人がイスラム過激派に殺害され、世論は激怒したが、こうしたテロリストの想定外のネット活用作戦と人質を駆使した恐喝や身代金をネット上で要求して相手国を心理的に追い込んだり、兵士をネットでリクルートするという新方式の登場は国家安全保障の基本のありかたに問いかけている。

米国はネット監視をつよめ、とりわけテロリストへの資金の流れを絶つためスイス銀行やタックスヘイブンの観察強化、違反するバンカーやプライベートバンク、証券の制裁に乗り出したことは前章で書いた。

二〇一五年二月九日からイスタンブールで開催された「G20財務相・中央銀行総裁会議」の共同声明の主眼も「テロリストへの資金の流れを止める」ことだった。

日本政府は一月九日に「サイバーセキュリティ戦略本部」（菅義偉官房長官が本部長）をようやく設立させた。

遅すぎるうえ、泥縄式であり、あまりにも小規模である。これでは中国やロシア、北朝鮮が仕掛けてくるサイバー戦争での勝利どころか防戦も覚束ない。

ＳＮＳ（ソーシャルネットワーキングサービス）社会となった欧米や日本のようなネット依存体制はこれまでに考えられなかった国家安全保障上の脆弱性が付帯している。

もし中国と戦争になった場合、現在のハードウエア（兵器システム）と自衛隊の士気を比較勘案し、在日米軍の存在と後日の応援が加わるものと仮定すれば日本は中国軍に辛くも勝てるだろう。

だが、中国は日本国内の中国人を総動員して破壊工作にあたらせる一方、駐在日本人を人質に取る作戦も可能である。不利となれば核兵器を使用すると脅したりして、従来型の通常戦にでてくることは考えにくい。とくにハッカー攻撃に日本は脆いのである。

中国の軍人が書いた『超限戦』（邦訳は坂井臣之助訳、共同通信社）を一読するだけでも中国軍の概念では戦争は「なんでもあり」で、卑怯なことも裏切りも奨励されている。敵を謀略や美人局《つつもたせ》などの奇策で陥れ、偽情報で攪乱し、陽動作戦で後方を壊乱し、外交トリックで同盟国を離間させるなど様々な方法を同時多角的に用いて攻めるという従来型の常識を超えた多彩な戦術が述べられている。

とりわけジョージ・ソロスも、麻原彰晃も、ケビン・ミトニックも同列におかれている（ケビンに関しては43ページ参照）。

すなわちハッカー攻撃によって金融パニックを市場に創出し、敵の金融システムを壊滅し、ウィルス攻撃などで行政機能を麻痺させ、日本政府を機能不全に陥れる。加えてサリンガス、ハッカー攻撃による敵システムの破壊、偽指令など、これらを駆使せよと「現代の孫子」（中国軍のエリート）らは『超限戦』のなかで声高に吠えている。だから中国の超限戦ではジョージ・ソロスも、麻原彰晃も、ケビン・ミトニックも同列なのである。

防御の根幹はサイバー・セキュリティである。

水と安全をタダと考えている日本人には理解しがたいことが世界では常識である。日本の機密情報は、ハッカーによってほとんど日本から盗まれているが、気がつく人は少ない。どれほどの危機に日本が陥っているかを正確に認識できていない。日本の官庁、地方自治体や大企業のＨＰが軒並み改竄されて、誰が犯人かは特定できていても、反撃したためしがないという体たらくの日本は、テロリストばかりか、日本に敵対する国々からもなめられているのである。

世界サイバー戦の実状

サイバー攻撃による被害がいかに甚大であるか、過去に各国の政府や行政機関、金融システムなどが機能不全に陥った例をまず列挙してみよう。

二〇〇七年四月、エストニアは銀行、行政が麻痺し、マスコミはコンピュータが動かなくなって伝達手段を失なった。つまり国全体のシステムが動かないという、未曾有の危機に陥没した。

エストニアは小国だが、IT立国である。身分証明書、健康保険証、運転免許証などが、ひとつのカードにおさまっていて用が足りる。国民背番号カードであり、逆に言えばあまりにもネット依存社会だったがゆえに、ハッカーの攻撃を受けるやシステム全体が破壊されてしまった。システムが麻痺すると、買い物もできない、交通整理も混乱し、行政の諸手続きも滞る。

国家が一時的に盲目状態に陥没したのだ。

エストニアは世界初のオンライン選挙を控えていた。そこへDDoSアタックというウイルス攻撃を受け、修復に三週間を要した。

もし日本が三週間、エストニア同然の危殆に瀕するとなると、日本列島がすっぽりと東日本大震災の被害のように鉄道がとまり、高速道路は使えなくなり、飛行機は飛ばず、行政は機能しないことになる。ハッカー攻撃に無防備な日本は、その危機と隣り合わせにいるのである。

二〇〇八年八月。北京五輪にプーチン大統領は何食わぬ顔をして出席し、胡錦濤《フーチンタオ》と並んでスポーツの祭典の開会式を楽しんでいた。同時刻にロシア軍はグルジアに侵攻した。

グルジアにサイバー攻撃が仕掛けられ、政府、議会、外務省、国防部、メディアのＨＰが改竄され、システムが不全となってしまった。軍隊への指令も行き届かないことになりまともな戦争にはならない。指揮系統もネット依存だったため、グルジア軍の各部隊はどこへ行ったら良いのかも分からなくなったという。

これは通常戦争にたとえると「海上封鎖」に匹敵し、物資の交通路が封鎖されて輸出入が不能となるようにグルジアは兵站ルートが封鎖されて孤立無援となった。エストニアの場合と同様にロシアの仕業だろうと専門家はみている。

これらふたつは政府機能が麻痺するという極限の危機であり、それ以外にも世界では次のような危機が起きた。

二〇〇九年三月、インド北西部にあるチベットのダライラマ亡命政府オフィスで、重要機密や「閣議」における会話、決定事項などが、北京に同時中継で送られていた。

北京のスパイがダライラマ政府中枢に潜り込んだのかと疑惑が広がり、捜査の結果、閣議の記録係のパソコンにカメラと集音装置があって、これが同時に盗まれていたのだ。昨今流行のスマホも同じで、撮影と録音機能があるように、ここからごっそりと情報を盗聴、モニターが可能となる。日本企業でもテレビ会議、パソコン会議が大流行だが、確実に情報は盗まれていると考えるべきであろう。

二〇一〇年九月、イランの核施設の閉鎖回路のコンピュータがウィルスに冒され、イランの核開発が相当遅れるという事態が発生した。

欧米とイスラエルにとっては喜ばしい事態だったが、このケースでは所謂《いわゆる》「スタックス・ネット」と呼ばれるウィルスがイランの閉鎖回路システムに入り込んだために起きた。イランは閉鎖回路だから安全と油断していたので、ハッカーの侵入は想定外のことであった。いかにして忍び込んだか。これはイスラエルと米国の共同作戦とされる。しかし実際にはイランの核施設内の代理人を使わなくてもUSBにウィルスを埋め込んでおいたり、あるいは一部無線方式が採用されていれば侵入する穴場はいくらでもある。おそらく外部業者のメンテナンス要員が不用意にメモリーを差し込んだりしたのだろうと手口が分析された。

世界のハッカー坊やたちは難関であればあるほどにハッカーの成果を競い合っている。

たとえば成田空港に無料使用のＷｉＦｉがあるが、これは容易に敵にモニターされたり、盗聴が可能ということである。空港の、あるいは駅やホテルの無料設備には防諜装置がない。

二〇一二年にサウジアラビアとカタールで三万台のコンピュータが止まった。いずれもが石油とガス企業のパソコンで、ほぼ全滅し、パソコンを入れ替えるまで石油輸出業務に支障がでた。この事件で類推できることは石油価格の操作も可能ということであり、おそらくイランの仕業とみられている。

二〇一三年三月二〇日、米韓軍事演習の最中だった。北朝鮮から中国経由のウィルスが韓国のテレビ局と金融機関を一斉に襲撃した。韓国の銀行のＡＴＭシステムが破壊され、テレビ局では編集システムが破壊され録画映像が放映できなかった。もし戦争なら韓国軍は初動に遅れ、また国民は逃げる資金も手当ができなくなるではないか。

二〇一五年一月、米国のソニーピクチャーズが北朝鮮の独裁者の風刺映画を作ったところ、サイバー攻撃を受けた。オバマ大統領は具体的証拠を挙げずに「北朝鮮の仕業」を言明したが、サーバーの発信元はタイからと分かったものの、それは「みなし発信地」の可能性も浮上した。

北朝鮮は米大陸に届くＩＣＢＭを保有しないが、ハッカー部隊は優秀である。したがって短絡的に犯人と決めつけたのだろうが、ソニーに恨みをもつ旧社員犯行説、あるいは自作自演説も囁《ささや》かれた。推理小説的に言えば、最後に得する者が犯人だというケースが多く、ハリウッド映画の興行成績が抜群であったためソニーの狂言説も払拭できないことになる。

これらの例から把握できることとは、サイバー戦争の渦中にありながらも社会システムは攻撃にもろく、換言すれば、「攻撃する側が一方的優位に立つ」のである。

これだけのネット技術が発明、改良され、新しいビジネスモデルが構築されているというのに、肝心のハッカー攻撃の防御方法が確立されていない。

自動車にたとえれば自動制御どころかタコメーターもエアバッグも装備されていない。道路交通法も存在せず、信号機もない。車検も免許制度もないという恐るべき状態が、いまのネット依存社会の実態、しかし欧米も日本も、そして中国もネットシステムに社会が依存してしまった。

だから、たとえばＩＳＩＬ（イスラム国）が世界中からネットによる兵士リクルートに成功し、巧みな情報心理戦とユーチューブを利用した映像作戦の多様化により、従来考えられなかった軍事力の化け物となって世界に脅威を与えた。

そこに一月一二日、ＩＳＩＬが米国ツイッターを乗っ取るという事件がおきた。

これは米中央軍のツイッターとユーチューブのアカウントがＩＳＩＬの「同調者」を名

乗る集団に乗っ取られ、中東地域を管轄する中央軍は一時ツィッターを凍結した。また大統領府は「この事態を深刻に受け止めている」と会見し、一層の警戒をよびかけた。

二月には米国医療保険大手のアンセムから、およそ八〇〇〇万人の個人情報が盗みだされていたことが判明した。米国はこれを中国の仕業だとした。すでに前年に米司法省が、中国人の軍人五人を「ハッカー」として起訴している。

一三年一月には中国高官の不正蓄財を報道したニューヨーク・タイムズにサイバー攻撃が仕掛けられ、これも中国の犯行と分かっている。オランダのＳＩＭカード大手「ジェムアルト社」は、ＳＩＭカード製造会社に米英の情報部と思われるハッカーが侵入し、暗号解読の鍵を手に入れた。これによりスノーデンが指摘したように、情報の機密漏洩《ろうえい》追跡が可能となったようだ。

二〇一五年二月八日、スイスリークスが、スイス銀行に隠し口座を持つ世界的富豪のリスト六六名をネット上に公開するという「事件」が起きた。

ヨルダンのアブドラ国王、オマーン首長、日本人では槇文彦（建築家）という名前も入るが、中国人のなかに李小琳がある。彼女は李鵬元首相の娘で、中国の発電関連ビジエスの総元締めである。発電所建設から送電まで、あらゆる関連企業に深いコネをもち、その贅沢な暮らしぶりと傲慢な態度を前にすれば、韓国のナッツリターン嬢など、象と蟻の関係だ。彼女の蓄財ぶりと英領バージン諸島に登録された彼女の意味不明のダミー企業の存在などが暴露された。

そしてCIA情報ファイルをばらしたウィリアム・スノーデン事件、その前のウィキリークス事件など、いまさら語る必要のない特大な事件で世界の機密情報工作などが露呈した。

日本でも甚大な被害が続出

近年日本でも起きたサイバー攻撃事件を見てみよう。

教育産業大手のベネッセの顧客リストがライバル企業に流れていた。下請け業者がデータを盗みだし、売り払った事件だが、ベネッセの受けた損害は甚大だった。

三菱重工の防衛兵器の技術情報、設計図などが盗まれていたことが発覚した。この事件の発覚は二〇〇九年で、その六年前に米国ロッキード・マーチンからジェット戦闘機などの機密が盗まれた。

日本に限らず世界共通なのはeバンクの口座から預金が引き出されるという詐欺事件が

後を絶たないことだ。パスワード、暗号などを簡単に探り出し、本人になりかわって勝手にパソコンに侵入し、預金を巻き上げていくのだ。

さらに盗み取ったデータの買い戻しを迫るという脅迫、企業情報の公開前入手による空売りや株価操作、インサイダー取引まがいの市場での詐欺行為、ビットコインの悪用、マネーロンダリングなど、これらの分野では新手口の犯罪が先行し、防衛策はやっと始まったばかりである。

「イスラム国」の軍資金が豊富なのは占拠した油田の掘削により原油密売、誘拐ビジネスによる身代金、奪取した地域住民からの「税収」。産油国への「寄付」と称する恐喝。そしてタックスヘイブンを利用したマネーロンダリングである。ネットシステムを、彼らは十二分に悪用していると言える。

日本政府はようやく重たい腰を上げ「サイバーセキュリティ戦略本部」を立ち上げたことは述べたが、ほかにも以下の問題がある。

第一に日本の防衛方針が「専守防衛」である以上、ハッカー攻撃があってから防御に回るという、防衛体制そのものが脆弱な体質を持つ。

法整備は遅れ、世界から見れば常識外れの「集団的自衛権」なるものの議論を国会でまだ侃々諤々《かんかんがくがく》の論争を展開しているほどに、おそろしくとぼけた国である。米国のいう「先制攻撃的防御」という作戦も自衛隊が選択するオプションには入らず、あるいは孫子のいう「攻撃こそ最大の防御なり」という発想もない。

第二に政府のセキュリティ戦略本部は各省庁が入り乱れて、最後にどこが統率するのか、防衛省か、経済産業省か、警察庁か、内閣府なのか、まったく整合性が見あたらず、米国のようにCIA、FBI、DODを統括する「安全保障局」という司令塔がない。

二〇一四年一一月に「サイバーセキュリティ基本法」が成立したが、セキュリティ産業の人材育成、振興と国民の意識向上の期間などが決められただけである。たとえば、ネット通信はどの国を経由してゆくか後追いが難しいほど通信の伝達形式はバケツリレーだが、基幹ルートを通る可能性が高い。

つまり日米間の海底ケーブルは容量が大きいため日本からの通信の八〇パーセントが、この日米海底ケーブルを経由している。その日本における基地は三重県と千葉県にあるが、この枢要な拠点の防御態勢さえできていない。

空恐ろしいことである。

第三に日本においてはいかなる場合においても、盗聴、モニターはしてはならないことになっており、外国のスパイ活動はやりたい放題である。ようやく特定秘密保護法が成立したが、左翼や似非知識人の多くが反対する有様だった。彼らにとっては日本がスパイ天国でありつづけていたほうが良いらしい。

第四にサイバー戦争へ対応するための軍の編成替えなどが緊急になされなければならないが、自衛隊にさえその動きは兆ししかない。米国はサイバー攻撃対策部隊を含めて三万人の専門家がいる。中国のサイバー部隊は軍直属だけでも三〇万人である。

インターネットとはそもそもバケツリレーのようなメッセージ伝達法であり、経路はどこの国を経由してゆくのか、なかなか調べられないうえ、途中で発信元の「なりすまし」があり、防御するには暗号化、閉鎖回路、いや、重要機密は絶対にネットに載せない、データをコンピュータには保存しないという方法しかないのである。

大手企業でも実際に被害にあった企業は、独自の防御を講じている。たとえば北京に機密情報をしらせる場合、ネット通信も郵便も使わず、外交行李のように、人が運ぶのだ。

しかし日本人の特性として失敗を伝達しないため、失敗の教訓は一企業集団のなかに止まり、日本全体の教訓とはならないのである。これから防御方式の研究開発をするというが、法律も泥縄式に改正されるにせよ、果たして間に合うのか？

「先制的防御」でなければ国は守れない

日本にはＩＴ専門の若者が山のようにいる。この若者たちを日本防衛に活かさなければならないだろう。

日米２＋２（日米安全保障協議委員会）の「共同文書」では、「日米協力の課題」として情報収集、警戒監視、偵察の共同化が特記されただけであり、具体的な取り組みは不透明、対応が鈍いとしか言いようがない。

イスラエルがイランの核施設をネット攻撃で破壊したように日本にも独自のハッカー部隊創設が喫緊事だ。日本がただちに着手するべき防衛力整備はウィルス攻撃能力とカウンター・ハッキングという手段である。

「専守防衛」をタテマエとする限り、日本人には発想さえ浮かばないが、先制攻撃による防衛、英語でいう「プリエンプティブ・アタック（PreEmptive Attack）」である。つまりコンピュータ・システムの防衛と相手方システムの破壊である。

スタックスネットはＮＳＡ（米国家安全保障局）とイスラエル軍の共同軍事機密行動によってイランの核施設のコンピュータ・システムを破壊したウィルスとして世界に「名声」を轟《とどろ》かせた。別名「サイバー・ミサイル」とも呼ばれる。

二〇一〇年九月に作戦は実施され、いくつかのコンピュータ・システムを経由したウィルスはイランのイスファファンにあるナタンズ核施設のシステムに潜り込んで潜伏した。核施設を管理するイランのコンピュータ・システムは、突然動かなくなった。

イラン政府は当初「被害はさほどない」と過小評価してきたが、二カ月後の調査で、およそ八四〇〇台の遠心分離器が稼働停止に追い込まれたことが分かった。これでイランの核開発は決定的な遅れを取った。

日本を標的とする核ミサイルを中国は瀋陽《シェンヤン》軍区、南京《ナンチン》軍区などで八〇基前後も実戦配備している。

北朝鮮はまだミサイルに小型核兵器を搭載したという技術情報がないものの、いずれ日本向けに固体燃料型ミサイルを配備するであろう。

その管理をコンピュータ・システムがなしているとすれば日本からウィルスを送り込んで破壊せしむる高度なコンピュータ・ウィルスを開発することは国家として当然の義務ともいえる。それが専守防衛である。

北朝鮮が自壊するのは時間の問題です。それほどまでに事態は緊迫してきました。

金政権が崩壊すれば韓国には百万人単位の難民が流れ込むことになります。韓国では

（中略）国中が想像を絶するほどの大混乱に陥ることは間違いありません。北朝鮮は言わずと知れたテロ国家です。その国民が地続きの韓国になだれ込むわけです。至るところで殺戮《さつりく》やテロが頻発し、その被害は韓国人だけでなく在韓米軍の兵士たちにも及ぶことでしょう。

（渡部昇一『日本興国への道』到知出版社）

だから韓国は日本叩きなどに狂奔しているわけにはいかなくなったのであり、日本はこれも対韓外交のカードで使えるのである。

「独禁法」「価格カルテル」で外資を餌食にする米中

中国はサイバー戦争ばかりか、ハイテク、通信技術の取得のためにあらゆる手段を行使する。

二〇一五年二月一〇日、中国の独占禁止法当局は米国クアルコムに対して史上空前の罰金一一五〇億円を課した。

欧米のハイテク通信企業をねらい撃ちしているのである。もっと言えば、中国はハイテク技術を盗み出したので、クアルコムは用済みなのである。

スマホ技術で「優位的地位の濫用」があったと理由をつけ、売上高の八パーセント相当が計算の基礎だそうな。中国側の言い分は中国のメーカーが「クアルコムは不当な特許使用料を要求したからだ」というもの。拡大解釈すれば法律の運用は中国の国益だけを守り、国内産業の育成と保護が底意である。肝心の独創的技術を中国のメーカーが開発し競争力強化の目的をおくのではなく横合いから成果をぶんどるやり方だ。

中国が外資系企業ばかりを狙って法外な罰金を課したり収賄容疑で社員を逮捕したりしているのは外資排斥が目的であることは明瞭で、その手口は露骨である。なぜなら中国企業はまったく独禁法の対象とはされず守られているからだ。

「人治」の国が都合のよいときは「法治」の国であると言い張り、独禁法を適用するのだから手に負えない。

日本の部品メーカー一二社がカルテルだと言いがかりを付けられ罰金をとられた。ニコンはデジカメの機能に欠陥有りと因縁を付けられ販売停止に追い込まれ、トヨタなど自動車販売チェーンからは販売促進料をよこせと脅され、丸紅なども被害にあった。二〇一五年三月には日産などの自動車修理工場が、修繕費が不当に高いという難クセを付けられ、対応に追われた。

日本企業だけがねらい撃ちされているのではなく韓国サムスン、台湾の電子部品など六社も「価格カルテル」が適用された。仏ダノン、米ミード・ジョンソンなど食品六社にも粉ミルクがカルテル違反だとか。マイクロソフト社の基本ソフトは中国の政府機関で使用中止（これは華為《ファーウェイ》技術、レノボ製品を米国が政府機関に使わないよう通達したことへの報復だ）。

アップルは中国政府の調達品目から除外され、英国グラクソ・スミスクラインに対しては贈収賄容疑で三〇億元（六〇〇億円）という天文学的罰金を課した。こんな国に進出を続ける企業は基本的な見込み違いをしたことになる。

だから米国でも反撃が開始された。

レノボとアリババを標的に「集団訴訟」が六件、カリフォルニア州で提訴された。

レノボはＩＢＭパソコン部門を買収し、世界一のパソコンメーカーとなった。ＮＹ株式市場に上場し注目を集めた。

アリババは二〇一四年のＮＹ市場上場（ＩＰＯ）で、史上最大の金を集めた。アリババの筆頭株主は孫正義だが、大口株主に中国共産党幹部の子弟らがずらりと名前を連ねて、大いなる疑惑を持たれた。

米国カリフォルニア州南高等裁判所に、六つの法律事務所によってレノボとアリババへの「集団訴訟」が提訴された事件は米国メディアが大きく伝えた。

レノボの場合は、ラップトップ型パソコンにあらかじめ、原告が希望しないソフトが組み込まれていたとして提訴に踏み切った。レノボのソフト開発会社スーパーフィッシュ社も同時に提訴されたが、このレノボの六件の提訴は別々の裁判である。集団訴訟は消費者が被害を被った同一の事例を元に当該企業を相手取って損害賠償を訴える。米国の弁護士事務所ではかつての独禁法がもはやカネにならないとわかると、株主代表訴訟や集団訴訟に訴えるケースが激増している。

日本企業は一時攻めやすかったが、特許法の改正などにより、リスク管理が徹底してきたため、リスクに不慣れな中国の大手企業をねらうケースが今後増加する傾向になる。レノボとアリババはNY上場で騒がれて以来、米国の弁護士からは格好のターゲットにもなっていた。

二〇一五年三月、オバマ大統領は中国が立法化しようとしたIT規制法が外国メーカーに暗号開示を迫るのはけしからんとし、「米国とビジネスを続けたいのなら考え直すべきだ」と会見した。

インテリジェンス戦争の裏面「スノーデン事件」の長い影

インテリジェンス戦争の裏面は情報洩れである。

二〇一二年、英紙『ガーディアン』の寄稿家、グレン・グリーンウォルドのもとに匿名のコンタクトがあった。

グレンはブラジル在住のジャーナリスト兼弁護士。世界の機密情報の専門記者としてブログを持つ。ウィキリークスのアサンジのように世界から機密漏洩に関して確度の高いデータや情報が集中するブログである。

ある秘密提供者は当初、「キンキナトゥス」と名乗ってグレンに接触してきた。このキンキナトゥスは紀元前五世紀ごろの農民あがり、ローマを外敵から守った英雄としてしられる。

匿名の情報提供者はエドワード・スノーデンだった。

スノーデンは米国から「売国奴」とののしられながら機密情報を世界に漏洩した。スノーデン事件は世界に衝撃をもたらし、オバマ外交は一時的に頓挫を余儀なくされた。なにしろ同盟国の指導者の携帯電話も米国は盗聴していた事実を暴露したのである。とりわけドイツのメルケル首相は怒った。

スノーデン事件の衝撃は四つある。

第一に米国内で機密情報に接する仕事に従事している関係者は三〇万人とも言われているが、彼らの任務遂行を脅かした。米国マスコミ、議会はスノーデンを犯罪者扱いするばかりと想像されたが、なんと連邦議員の多くが逆にNSAの予算削減を提案した。先頭に立ったのは保守派でティーパーティに近いランド・ポール議員だった。あまつさえ西海岸を中心にスノーデンの行為を英雄視する向きも顕著となり、ハリウッドで映画化されるという環境の激変ぶりがある。アメリカはWASP主導の国ではなくなったのだ。

第二にグーグルやマイクロソフト、アップル、ヤフーがNSAに協力していたことが暴露され、世界市場で米国製が悪影響を受けた。

第三は同盟国の指導者の電話も盗聴してきた事実がばれて、米独関係が一時的に冷却するなど、計り知れない外交上のデメリットが生まれた（とはいえ橋本政権のときすでに米国が日本のあらゆる機関を盗聴していることを認識しており、その後、日本の政治家と高級官僚は電話での会話内容に注意している。ドイツは知らなかったと偽装するジェスチャーで外交得点を上げただけで以前から知っていたのである。ちなみに「ミスターYEN」といわれた榊原英資（当時財務官）はワシントンから本庁への電話も小銭をジャラジャラもってホテル近くの公衆電話からかけたことを回想録に記している）。

第四にスノーデンの暴露によって中国とロシアが大いに得点を挙げた。とくに中国は習近平とオバマ会談の直前であり、米国側は中国のハッカー攻撃を正面から非難できなくなった。

スノーデンはその後、ロシアへ亡命した。

「個人のプライバシーが監視されていることであり、これはジョージ・オーウェル『一九八四年』の世界ではないか」という不安と疑問が西側社会に広がった。

ところが皮肉にも米国のネット監査、電話傍聴により、中国の共産党高官が合計四兆ドル弱を海外に運び出して密かに隠匿した証拠まであがった。

欧米がその製品の使用を官公庁で禁止している中国の華為技術などは「トロイの木馬」だと繰り返し批判している。なぜそこまで強硬であるのかは米当局が「たしかな証拠」を握っているからだ。

古来より国家には機密があるものであり、機密のない日本が世界の裏側におきている実態を知ることはまことに至難のことである。

第三章

核攻撃の脅威

——米国との核シェアで対抗

法律さえ整っていないお粗末な日本の防衛体制

軍拡ファシズム国家＝中国の軍事的脅威を目の前にして日本の防衛関連法は半世紀遅れている。

戦後、いくどもチャンスに恵まれながらも国会でまともな防衛論議をしてこなかったツケが回っているわけだが、なにしろ防衛より福祉という本末転倒の論議に国会が明け暮れ、老人医療や生活保護や社会福祉関連に大票田があっても防衛論議は票には結びつかず、いやカネにもならず、連立与党の公明党の説得さえ大変である。

政治の本質はゲバルトである。つまり力の強いほうの無法が勝つのが現実である。げんに南シナ海で他国の領土・領海を侵略し、環礁、岩礁、沙州に白昼堂々とセメントを流し込んで軍事施設をたて、人工島に滑走路をつくって平然としている中国の横暴に周辺諸国はなすすべもない。侵略国の凶暴な振る舞いがまかり通っている。

尖閣諸島とて日本が油断したら中国はいずれかすめ取るだろう。アメリカが「尖閣諸島は日米安保条約の適用範囲」だと言ったところで、米軍が守るとは言っていないのである。

したがって日本の現行法では、たとえ救助要請があっても、傍観するしかない。それは法律の不備にも原因するのである。

ようやく国会で「グレーゾーン事態」の議論がされるようになった。

旧「ガイドライン」は東西冷戦時代のもので、仇敵はソ連だった。ソ連の日本侵略を想定して防衛体制を整備した。

東西冷戦が終結し、ソ連の軍事的脅威が忽然《こつぜん》と去ると、次の主要な仮想的は中国、北朝鮮となった。

そこで日米防衛ガイドラインは「平時」「有事」「周辺事態」という三つのカテゴリーに分けて議論されてきた。

それも古くなり、事態に即応できる防衛体制とはいえず、二〇一五年に予定される新ガイドラインでは主として中国の脅威、その軍拡と海洋進出への対応が求められ、政府はようやくにして集団的自衛権を内閣の決議とし、グレーゾーン事態や宇宙、サイバー空間での協力を謳う。

であるとすれば「グレーゾーン」とはいったいなにか？

典型例が尖閣諸島である。漁民を装った中国軍人が上陸し、占領するというケース。武力攻撃ではないとはいえ、明らかに主権侵害である。しかし民間人を装っている以上、彼らが武装していても、自衛隊は出動できない。

いまの自衛隊は警察力で治安維持ができないと認められた場合に「治安出動」が、海上保安庁だけで治安維持ができないと認められてはじめて「海上警備行動」ができるという時間のかかるシロモノ、緊急事態に対応できないことは明白である。治安出動も海上警備行動も内閣が決定するため閣議に時間がかかれば、間違いなく対応遅れとなる。

いまは電子戦、一秒を争うといわれているのに、こうした後進性を日本は抱え込んでいる。

この間に敵は尖閣諸島などに陣地をつくり武器を持ち込み長期戦の構えを見せるかもしれない。自衛隊法改正が必要で、自衛隊の武器使用基準を改正しなければならない。国際常識としては、このような時代の対応は現場指揮官が判断するのである。尖閣諸島周辺には多くの離島があり、自衛隊法改正ばかりか、日米新ガイドラインに対応するためには集団的自衛権を行使し、米軍との共同作戦を円滑化させておく準備が必要になったのだ。

一方、国内的にもすでに大きな障害となっている大学の軍事研究解禁の問題が絡む。自衛隊機の故障原因研究を東大に依頼したところ拒否されるというケースに遭遇しており、あまりにも浮世離れした大学のあり方も旧石器時代のような感覚が大学人にあるからだろう。

対外的にも国連軍への参加問題がある。自衛隊が派遣される当該国や地域が「戦争状態にはない」という条件でこれまでペルシア湾機雷掃海、カンボジア、エチオピア、イスラエルのゴラン高原停戦監視などに送られ、この稿を書いている二〇一五年四月現在、自衛隊は海賊退治の国際連携のため南スーダンにいる。拠点を東のジブチに置いているが、法律で活動範囲がかんじがらめに制限されているため他国の軍隊からときに笑い者にされる。

戦後の日本は平和憲法という米国の押しつけ憲法を墨守してきたあまり、主権とか軍人の名誉とか、重要なことをすべて置き去りにしてきた。そのツケも回った。

武器輸出三原則も、やっとのことで同盟関係諸国への輸出が特例として認められるが、たとえば英国とは装備協力で日本からの哨戒機輸出が可能になるのか、どうか。

世界的ベストセラーである無人機（ドローン）も、日本が製造に乗り出せばロボット大国であるだけに短時日裡に世界一のドローンを作るだろう。だが、これとて中国に現実に侵略され防衛力がないために苦境に陥ったフィリピンやベトナムに輸出できるのか。

二〇一四年秋の北京APECで、フィリピン首脳とベトナム首脳が会談し、両国関係の「戦略的パートナーシップ」の格上げが討議された。おそらく年内に、両国は外交戦略の「一大転換点」となる協定を締結する展望が開けた、と外交専門誌『ディプロマット』の最新号が報じた。

二〇一五年一月末にはファン・ビン・ミン越外相がマニラを訪問し、ロザリオ比外相と長時間の実質的話し合いをしている。ベトナム戦争中、米軍支援のためフィリピンは軍隊をベトナムへ派遣した。それゆえ、ベトナムとの復交は遅れ、一九七六年になってようやく外交関係が再開された。しかしその後も両国関係はぎくしゃくとして急発展はせず、一九九四年にようやく科学技術・経済協力協定、留学生の交換プログラムなどが開始された。

こうした越比関係が大々的な転換を迎えた。

二〇一三年、両国は海軍高官の協議交流を開始し、海洋における情報の共有、作戦の協同化などの討議へと移り、同時に二〇一四年にフィリピンは米国との安保条約を大胆に改定して、世界戦略的には日米安保体制にオーストラリア、インドがくわわった枠組みの地域内協力を模索し始める。同時期、南シナ海での中国の恣意的な軍事行動に非難をつよめていたベトナムは、「航行の自由と安全」を主張しアセアン各国との共同歩調に重点をおく。フィリピンとベトナムは自国領海を侵略されたとして国連に提訴した。またフィリピンは国際裁判所へも提訴した。

ベトナムがこれまでに「戦略的パートナーシップ」を結んだのはロシア、日本、インドなど一五カ国あるが、フィリピンとの交流拡大の主目的が将来の軍事的強調の可能性を前提にしていることは明らかである。

またディプロマット誌の観測によれば、南シナ海を日本の偵察機が哨戒できないかどうかも、検討シナリオに含まれていると示唆している。

英国がいまもとめている化学防護服も、日本の化学繊維技術が世界最高水準にあるがゆえに協力するべき分野だが、いままでは消防服に限り、輸出検査をうけてから同盟国への輸出が可能だったほど狭き門だったのである。

逆にテロ対策装備にしても諸外国に優れた製品が多い。東京五輪をひかえてテロ対策を本格化しようという態勢にある日本は、ガイドラインや法整備などと悠長なことをしている時間はないのではないのか。

周辺事態へもまったく無力

防衛省の海外派遣についても、日本は国際常識からほど遠い議論をいまだに国会で展開している。

たとえば「装備供与」をめぐる法改正が検討され、「国際協力任務」として、他国軍の能率化、とりわけアセアン加盟国への日本の装備品供給への道を開く道を探っている。

自衛隊法には「国際平和協力活動」が謳われているが「国際協力」任務に該当するものがない。カンボジアも平和維持と地雷除去、ゴラン高原は停戦監視。ホルムズ海峡へは戦争がおわってからのゴミさらい（機雷掃海）と燃料補給、イラクへ派遣された自衛隊は工作隊で、わが国の自衛隊は他国の軍隊に守られた。

中国の南シナ海侵略で環境はがらりと変わった。現実にベトナム、フィリピンへの艦船供与、豪海軍への技術供与など差し迫った問題があり、またインドへは救難飛行艇US-2を売却する。哨戒機などのフィリピン売却の打診もあるが、法整備がないため、すべては宙に浮いている。またいま戦闘中なのに他国軍は弾薬不足に陥ったときなどでも、日本の自衛隊が近辺に展開していたときは、供与できるという後方支援さえ議論の的になる。

「発進準備中の航空機の給油」さえ、戦闘行為を行っていない現場のみ、許容されるとか、「いったい自衛隊はなんだ、セルフ・ディフェンス・フォースではなくてセルフィッシュ・ディフェンス・フォースか？」と批判されてきた。

法改正により、米軍以外の準同盟国の軍隊には、弾薬の提供、ガソリンなど後方支援を可能とする支援が盛り込まれる。

ＩＳＩＬの跳梁跋《ちょうりょうばっ》扈《こ》などで安全が脅かされた周辺事態への対応は喫緊の課題となった。重点は国連安保理事会の決議なしで活動している多国籍軍（ＩＳＩＬと闘う有志連合など）への後方支援、捜索救難や警戒監視活動にも拡大し、国会承認は事後でも可能としている。

グレーゾーンでの火器使用も閣議決定と決められているが、分・秒を争う場面で閣議決定など待ってはおられず、電話閣議で出動を可能とするなど、武装集団の突然の襲撃に対応できるシステム作りの前段階的措置である。離島での武装集団の襲撃に監視も、警察の武装制限が障害になって迅速な行動が取れない状態であり、警官隊の武装も、どうするか、尖閣諸島にやってくる偽装漁民の上陸シナリオが日々時間の問題となっているだけに、やっとこさ議論が熱気を帯びてきたというのが現状なのである。

日本が生き残るには三つの選択肢しかない

最終的に日本の安全保障を担保するには日本が独自で核武装するしか残されている道はない。

しかし米国ならびに英仏露中四カ国が強固に日本の核武装に反対しており、ましてや核拡散防止条約によって日本の原発さえ監査の対象となっている。日本が単独で核開発に挑むことは不可能に近い。また時間的制限から言っても考えにくいシナリオとなった。

であるとすれば、ほかに如何なる方法があるのか？

選択肢は大きく三つある。

(一) 米国との核シェア。欧州で実施されている方式の採用である
(二) パーシングⅡの現代版の日本配備を考慮に入れる
(三) インドか、ロシア、あるいはパキスタンと秘密協定をむすび核シェアリングを行う

結局のところ、中国の脅威を低減させ、日本が自らの独立を守るには核の選択しか残されていない。それをどうやって達成するかが喫緊の問題である。

冷戦下、ドイツのパーシング配備の効用を思い起こしてみたい。これが近未来の日本防衛のモデルになり、現実的でもある。

東西冷戦の終盤において西ドイツはパーシングⅡの配備を積極的に受け入れ、ソ連敗退の序奏となった。

一九七〇年代後半からソ連は東欧諸国にＳＳ20という中距離ミサイルを大量に配備した。核弾頭装備のミサイルは発射から数分でドイツに着弾する。これは防ぎようがない。慌てたシュミット西ドイツ首相（当時）は、「ＮＡＴＯとワルシャワ条約機構との軍事力不均衡」に深刻な危機感を持つ。

これは北朝鮮が日本向けに核弾頭搭載の短距離ミサイルを大量に配備したことと同様な

軍事的意味があり、シュミットは、ソ連の中距離弾道ミサイルSS20の危険を同盟諸国にただちに警告した。

シュミットが訪日のおり、当時の大平正芳首相にも危機的状況を耳打ちしたが、大平は例によって「あーうー」を繰り返し、ものごとの本質が分からない平和ぼけぶりをしめしたと直後に三好修氏（毎日新聞元パリ支局長）らが批判していた（しかし大平首相は米国と「核持ち込み」の密約を結んでいたので、この批判は当たらないように思える）。

西ドイツは国家の生存をかけて防衛策を講じた。

シュミットは一方でソ連との戦略ミサイル制限交渉を進め、他方ではアメリカ軍のパーシングⅡミサイルを西ドイツに配備させるという「NATO二重決定」に踏み切った。

シュミット首相は米国を巻き込むために一九七九年一二月のソ連軍のアフガニスタン侵攻を非難し、便乗してNATOの新対策と絡ませた。多くの西ドイツ市民が反対に転じ、「死よりも赤が良い」と主唱してダイ・インというスタイルの抵抗運動を左翼や反政府リベラル派らが展開した。「死より共産主義の奴隷となっても生き残りたい」という、まがまがしい発想に嫌悪感を覚えたが、以後、日本でもこの手の発想をする集団ヒステリーを見かける。近年の原発反対運動も「死より赤が良い」という左翼運動の変形バージョンである。

一九八〇年、米国には保守革命を標榜するレーガンが地滑り的大勝でハト派のカーターを破り、八一年に発足したレーガン政権はソ連との核軍縮を軌道に乗せた。これによりソ連は大幅なミサイル削減に同意し、同時に米国もパーシングⅡを解体し、SS20の危機は去った。

この教訓から日本が学ぶべきは当面、パーシングⅡに匹敵するミサイルを日本に配備することではないのか。

また「同盟国を守る」と言っている米国はこうした措置には前向きになるはずである。

日米安保条約を改定し、米国と核シェアせよ

日米共同管理による核兵器管理、すなわち核シェアという方法は最善ではないが次善（ベター）な選択である。

田母神俊雄氏の『日本核武装計画』（祥伝社）は「真の平和と自立のために」書かれた防衛論である。謳い文句は「核を持たずして、この国に未来はない」。

往時に比べると日本国内でも核武装の議論はかなり自由になったが、いまなお核武装どころか「原発」に反発する原始的な「平和原理主義」というカルト的な団体が残存している。これらの主張を政治的に代弁し、日本の防衛力強化を巧妙に妨害し、敵性国家の指令

にもとづくかのような売国的キャンペーンを張るメディアもある。日本はつくづくおかしな国のままである。

ともかく日本は核兵器開発に関して核拡散防止条約を批准しているからには、ほぼ絶望的に自主開発ができない、確固たる監視体制にビルトインされている。つまり核拡散防止条約の最大の眼目は日本に核武装させないところにあり、原発監視と使い済み燃料の監視体制が、そのことを象徴している。

あまつさえ安倍政権は「核不使用声明」への署名に前向きで、抑止力容認で方針を転換した。これは国連で有志国が準備している「共同声明」を指し、日本はこれまで米国の核の傘に依存する安全保障政策と整合性がないとして署名を控えてきた。

賛同に立場を変えるというのは、「いかなる状況下でも核兵器を使用するべきではない」とする表現箇所だ。しかし草案を検討する限り、この共同声明には拘束力がない（つまり言うだけ）ことが確認できたためと政府は弁明している。

ともかく法理論的なことを言えば単独での核開発をするには核拡散防止条約から日本は脱退する必要がある。その前に武器輸出三原則撤廃、非核三原則撤廃、そして憲法改正が道筋だが、そんなことをしていて間に合わないのは自明の理であろう。

「アメリカに『日本にアメリカの核兵器を貸してくれ』と要求する」ことから始めよう。

なぜなら「実際ヨーロッパではやっていること」だからであると前掲田母神氏は言う。

事実上、米国の核を「他国が備蓄し、核の発射ボタンをアメリカと共有する」という「レンタル」形式だが、ドイツ、イタリア、オランダ、ベルギー、トルコがこの仕組みで事実上の核兵器を保有し、「核武装国ではないのに核抑止力を持つというういわば〝準核武装国〟になった」

具体的には戦争有事の際に核の発射ボタンを移管し、アメリカ軍は当該国から撤退するのである。すなわち「どこかの国が核の恫喝を受けるといった有事になったら、米軍は核兵器をその国に譲り渡して撤退する」という絶妙のシナリオである。

表向き、NATO数カ国との核シェアは「存在しない」ことになっている。ところが田母神氏が空幕長のおり、渡米して空軍の高官にその存在事実を確認したところ、米空軍参謀総長は「それはNATOのことだから私はよく知らない」と逃げを打ったらしい。


「最後の選択」は第七艦隊を日本が核兵器付きで買収することだ！


短時日裡に可能な日本の核武装シナリオは次の選択肢しかない。

――米国債を担保に在日米軍、すなわち第七艦隊を日本が買い取る（核兵器付きで）。

——米国債のデフォルト危機が報じられ、ウォール街の株価が下落し続けたとき、中国財務省の朱光耀・副部長は記者会見し、「中米両国の経済団体は密接な政策交流を維持し、米国債の違約を防止、中国の対米投資の安全を確保すべきである」と述べた。

米国債の最大債権者に日本がまもなく首位に返り咲くだろう。

二〇一五年一月末時点で、米財務省報告に従うと中国の米国債保有残高は一兆二三九一億ドル。前月比で五二億ドル減少した。中国は五カ月連続で保有高を減らした。

他方、日本は同期間に保有残高を七七億ドル増やし保有残高を一兆二三八六億ドルとした。日中の差はこの時点でわずか五億ドル。この小冊の刊行時点では、ほぼ間違いなく日本が中国を抜いて世界一の米国債保有国になるだろう。この財産を日本は外交的に、そして国家安全保障の戦略上、いかに活用するか？

ここから導かれる破天荒のシナリオとは、米国がデフォルトをやらかす前に日本が米国の経済を救うことである。

米国債などの債権を米国に寄附するなりして、引き替えに在日米軍ならびに第七艦隊をそっくり買い取れば良いのである。暫時、米兵は傭兵とし契約し、五年ほどで日本に管理運営を完全に移行させ、第七艦隊は日本が保有し、これらの維持費は軍事評論家の鍛冶《かじ》俊樹氏によれば年間二兆円と推計される。現行防衛費に、これを加えてもＧＤＰ一パーセント前後でしかなく日本の経済力で十分にまかなえる。核兵器は当面、米国との共同管理とする。

いずれ米軍の衰退は本格化するだろう。「世界の警察官はやめた」と言っているのだから。米国は極東の軍備を日本に肩代わりさせざるを得ない状況になり、そうした議論は米国からも起きてくるだろう。


次に日本の経済力を政治に活かせると想定して別のシナリオを考えてみよう。

第一に日本が援助している国にバーターを持ちかけ核兵器を購入するというアイディアが浮かばないか?

たとえばパキスタンへの援助は円借款累積が九七五九億円（繰り延、免除を含まず）、無償援助二七四八億円。政府貸し付けが三八九七億円である。パキスタンはすでに八〇発から一〇〇発の核兵器を保有している。

インドへの援助は円借款が三兆七三八三億円、無償援助は九〇〇億円、政府貸し付けが一兆六四二億円である。

これらを全額あるいは一部を相殺する条件として核弾頭を供与してもらうのだ。そのためには日印秘密協定が必要だろう。

外務省や防衛省幹部が聞くと尻込みしそうな凄絶な交渉が予想されるだろうが、国家の安全をかけて外交には機密作戦と強引な交渉力が必要である。

アルカィーダの首魁ビンラディンはパキスタンに潜伏していた。パキスタンの軍情報府はタリバンに情報を送り、謀略的に米軍の作戦を妨害してきた。ことほど左様にパキスタン政府は米国の援助に期待しつつも裏側では鵺《ぬえ》的な外交が得意だ。

そして厄介なことにパキスタンは中国と軍事同盟を結び、核保有国である。核兵器開発の胴元はサウジアラビアだった。したがって、このパキスタンの核兵器を日本は活用する手があるのではないか。

最良の方法はパキスタンが中国の軍事同盟から離れることである。パキスタンはイスラム原理主義が強い影響力を持ち、国内のイスラム過激派は堂々とＩＳＩＬへの支持を表明し、いずれイスラム同胞を弾圧する中国と敵対することになるだろう。その秋《とき》、日本に大きなチャンスがめぐってくるだろう。

歴史は民衆ではなく指導者と英雄が動かす

重要なことはなにか。それは決定的瞬間における「指導者の決断」である。

「秩序を守るために（中略）当然犯さなければならない悪というものがある。それに耐えてゆく、それが思想というものだ」。だからものごとを「解決」したいと思わない方が良いと福田恆存《つねあり》氏は言った。

混乱の姿というものが本当に私たちの目に映っていたなら、解決はそれぞれの人に応じて当然起って来るはずであって、混乱の自覚がないのにいきなり解決の道を説いたり、また解決のために一所懸命努力したところで、ますます混乱を重ねるばかりだと考えます。だから大事なことは解決を急ぐことではなく、混乱している現実を誰でもがその人なりにはっきりと見きわめる事だと思います。

（福田恆存『人間の生き方、ものの考え方』文藝春秋）

先に「解決」の道を示す社説を得意になって鼻を鳴らしながら偉そうに書く某大新聞の論説委員らに聞かせたい。政治家は耳の垢をほじり出して、澄ませ。

この言を援用して言えばウクライナ問題の解決を急ぐ必要はない。

ロシアとウクライナの当事者の力関係と指導者の力量で、ものごとは自然と流れができるのであり、オバマが口先で介入し、ロシアが欧米の言うことを聞かないとばかり制裁を強めるのは混乱に輪をかけているような醜態であり、メルケル独首相はそれが分かっているから、モスクワとワシントンをいったりきたりしているのだ。道を説くのは止めにしたら如何かと福田氏が、もしいま生きておられたらそう言われるに違いない。

「歴史は既に存在してしまったものです。(中略)ところが、日本の歴史は既に存在しているということを、今の歴史家たちはどうやら忘れている。つまり歴史は親みたいなもので、私達は日本の歴史の子供なのであります。その子供の立場から過去の歴史を裁いていこうというものの考え方が既にまちがっている。歴史をして私達に仕えしめてはならない」のである。

古代から中世にかけての歴史を、マルクス主義とか、階級闘争とか後智恵のプリズムでああだこうだと言っても始まらない。左翼の歴史家らは根本の間違いに気がついていないというわけだ。

福田氏はこうも言われる。

(革命とか維新とかが)本当に民衆が目ざめて立ち上ったなどという馬鹿なことは今までに一度も行われたためしがない。(中略)時代の先覚者、指導者によって歴史は動いていく。ところが、戦後は指導者によって歴史が動くことを全部否定して、大衆が歴史を動かしたという風に無理に解釈しようとした。従って一時言われたように、人間不在の歴史、英雄を全部抹殺した歴史が教えられました。

近年の「人命尊重」イズムという軽薄な、馬鹿げた風潮になり、日本人の脳幹を冒した。病膏肓《こうもう》に入るとはこのことで「人命は地球より重い」とダッカ人質事件がおこり、また今回も「イスラム国」による日本人人質に巨額の身代金を支払うような愚考があった。諸外国が日本を侮蔑するのは、このような非現実的な態度への反発が含まれているのではないのか。人質犯罪は殺人以上に凶悪な犯罪であり、「もしかれらの要求をいれて人質の命を助けるために、明らかに犯罪者として逮捕している人間を釈放するということになれば、国家、政府の権力がかれらよりも弱いということを立証する」（福田恆存前掲書）。

しかしダッカ事件で極左グループに身代金を支払った福田赳夫とちがって政治家の資質に優れた安倍首相は「イスラム国」のテロリストに屈しなかった。

日本はこれから大いに変わるだろうし、変わらなければいけないのである。

第四章

中国包囲網の構築

――「親日国」台湾・インド、カギをにぎる中央アジア

中国の外側を囲み、台湾、インド、中央アジアとの関係を強化せよ

日本の安全保障を高めるために、戦略的になすべきことは山のようにある。

第一は中国を囲む国々に対して、より積極的に且つ柔軟で多彩なアプローチを展開し、戦略的外交を深化させることである。

いま世界に中国の友人はいない。打算的に協調態勢をとるのはロシアだが、プーチンは中国をまったく信用していない。

唯一の友誼国家だった北朝鮮と北京は、犬猿の仲になった。中国のネットで金正恩《キムジョンウン》の悪口を書くのは自由で、金三胖《キンサンパン》（三代目のブタという意味）で通っている。友好国の元首にネット監視の強い中国当局が批判を野放しにしていること自体、両国関係の氷のような冷たさを象徴している。

このような中国の四面楚歌をただ眺めているのではなく、ミアシャイマー教授の説く「オンショア・バランス」（23ページ）という現実主義外交に立脚するなら日本は中国を囲む国々に積極的なてこ入れをすることが外交目標となる。

まずは世界最大の親日国家、台湾に対して日本はどう付き合うべきだろうか。

いまから半世紀近く前、一九七二年に筆者ははじめて台湾へ行った。台湾各地を歩いて、その治安の良さ、人々の礼儀正しさ、温情。台湾を統治してきた日本人に恨みがましいことを一切口にせず、懐かしい雰囲気を漂わせていたので名状しがたい安堵感があった。

清朝末期の衰退、荒廃、政治の腐敗ぶりに比べると同時期の台湾は日本の統治下にあって教育が普及し、識字率は高まり、アジア一の教育の高さを示した。日本の撤退後に入ってきた蔣介石の悪政と比べても日本は道路、鉄道のインフラを整備し医療、行政制度を整えていた。（ロバート・カプラン『アジアの大釜』、ランダムハウスより拙訳）

高雄から膨湖島《ポンフー》へ行ったり、タロコから文山温泉《ウェンシャン》に足を伸ばしたり、台北滞在中に時間があると基隆《キールン》、九份《ジォウフェン》などにも足を伸ばした。金門《チンメン》、馬祖《マーツー》、澎湖など離島にも足を伸ばし、恒春《ハンチュン》とか嘉義《ジャーイー》とかの田舎町もほとんどを見た。台湾への渡航は一〇〇回を超えた。

一九八〇年代初頭、中国から大量の亡命者が台湾へ逃げ込むほど政治状況が激変し始めた。そうした環境の激変を目撃しながら私の台湾観が形成された。日本のマスコミの情報操作にひっかかると北京のほうが大国で、不自由なく人々は裕かで、独裁政権の蔣介石の支配する小島へ、わざわざ中国人が亡命するはずがないとばかり北京の顔色を窺うこと夥しかった。だから日本のマスコミは産経新聞を除いて一切の亡命事件を報道しなかった。

一九七〇年代後半から八〇年代初頭にかけて文革が終息し、鄧小平《ティンシアオピン》の改革開放の波に乗って、おびただしい留学生が中国大陸から米国や欧州へ、そして日本へやってきた。彼らはじつに短時日裡に日本語をマスターし、また真剣に学問を学び、知識を吸収していった（いまの中国人留学生の日本語の下手なことと対照的である）。前後して中国大陸の留学生らからも反政府、反共産主義運動の狼煙が上がる。これは凄いことだ、と思った。

一九八二年、医学のためカナダへ留学していた王炳章《ワンビンツァン》博士がニューヨークにあらわれ、戦後初めて中国に民主化を要求する『中国之春』を旗揚げした。『TIME』が特集を組んだので初めてそれを知り、私は数カ月後、NYへ飛んで王炳章ら数名の『中国之春』の幹部と会った。彼らは共産独裁国家からきたとは思えないほど自由闊達で、潑剌と未来を語り、自由、民主、人権、法治を熱烈に述べた。

台湾のみならず中国大陸にも夢があると感じた。とくに王博士は「日本の明治維新に学びたい。改革の源泉を知りたい」と言った。その王炳章は、民主活動発展のためベトナムから中国への潜入を図ったが、囮《おとり》捜査で拘束され無期懲役、世界中に釈放運動が起きている。

なぜ蔣経国は李登輝を後継者にしたのか

蔣介石が死んで国民党の独裁は終わろうとしていた。複数政党制を求める民主化への要求は米国議会からも発せられ、後継者の蔣経国は気がついていた。

彼は米国を訪問し連邦議会やマスコミの独裁批判を身に沁みて感得し、死後の台湾政治を展望していた。後継者には本省人（日本統治時代以前から台湾に渡った人たち）の李登輝を指名した。

この蔣経国の「英断」に国民党の長老や中華思想組は驚嘆した。李登輝の登場以降、中国の本家を名乗っていた「中華民国」は台湾においてさえヴァーチャルな存在でしかなくなった。

李登輝元台湾総統は司馬遼太郎氏との対談で「台湾人に生まれた悲哀」と言った。じつに象徴的な表現である。司馬氏が残した膨大な作品群のなかで、この李登輝総統との対談を含めた『台湾紀行』は傑作である。

筆者は二〇一四年秋に李登輝閣下来日の折、久しぶりにお目にかかったが、九〇歳をこえたことが信じられないほど矍鑠《かくしゃく》としていた。

李登輝総統の近作『新・台湾の主張』（ＰＨＰ新書）を読むと、「えっ。そうだったのか」

と過去のミステリアスな部分がさっと解けていくような気分にもなった。たとえば蔣経国は、なにゆえに突如、本省人の李登輝を副総統に任命したのか。最後の決断の心理的な、あるいは社会的背景との関連がいまひとつ分からなかった。蔣経国は当局に米国から帰国したばかりの李登輝氏の身辺の精密な調査を命じていた。

そして一九七二年に行政院長（首相）になると、李登輝を国務大臣に抜擢し、農業改革の先頭を担わせる。ついで七五年に蔣介石が急死すると、憲法の手続きを経て総統になる蔣経国は、いきなり李登輝を台北市長に任命したのだ。さらに李登輝の自宅へ三カ月ほど毎日のように通い、留守のときは応接間に上がり込んで、帰宅を待ったというのだ。つまり蔣経国はじっと李登輝を観察していたのである。権力欲も立身出世欲もない、稀な指導者像をそこに見いだした。

李登輝総統はかく回想される。

私の日本的なところを非常に高く買っていたように思える。仕事に対しては責任を持って誠実にやってきたし、嘘もつかない。出世したいという欲もないからおべっかも使わない。こうしたところも含めて、蔣経国は私のことを評価してくれていたのだと思っている。

一九八四年、寝耳に水。蔣経国は李登輝を副総統に任命する。そして三年後の憲法記念式典で蔣経国は「蔣家の血を引く総統は自分限りだ」と宣言するにいたる。八八年一月、蔣介石の子、蔣経国は急死した。中華民国憲法の規定にしたがって李登輝はただちに台湾総統に就任した。それからが多難な日々、とりわけ国民党残党の守旧派や軍との激しい闘いが始まった。頑強な中華思想の持ち主たちをいかにして説得し、九六年に民主選挙実現までを導いたか、とくに郝白村・参謀総長を国防部長から行政院長へとポストを移行させながら、彼の権力基盤をそいで行ったかの秘話がさりげなく語られているのである。

ほかにも取り上げたい箇所がいくつもあるが、現状認識という文脈でとくに重要なのは李登輝がいまの中国共産党指導部をいかに位置づけしているかという点であろう。

総統はこう分析する。

習近平主席は領土的な野心を隠そうとせず、周辺諸国と至るところで紛争を起こしている。近年の中国は、自国民の不満を逸らすため、周辺国に覇権的な干渉を繰り返しているが、こうした動きは今後も続くのではないかと、国際社会は危惧している。（中略）中国の軍事的膨張と実力行使により、アメリカは大きな負担を強いられているが、中国側はアメリカ単独では東アジアの安定を維持する力がないことを見抜いている。

それゆえに李登輝は安倍政権の集団的自衛権の行使容認を高く評価し、言外に日本人の武士道精神の復活を促しているのである。

日本は経済的デフレに長く悩まされ、「失われた二〇年」を過ごすことになったが、ろくな指導者がいなかったことも手伝い、どん底まで堕落した。

転機がきた。李登輝総統は最後にこう言われる。

「デフレはたんに経済的な問題ではなく、日本の政治指導力の問題だ。日本は米国依存と中国への精神的隷属から抜け出さなければ、いまの苦境を脱することはできない。国際社会における日本の経済的自立、精神的な自立こそがデフレ脱却の大きな鍵だ」

中国との攻防の歴史

李登輝総統は就任から一〇〇〇日のあいだに次々と静かな改革を行い、台湾民主化の基礎を造った。

一九九六年には最初の民主選挙による総統選挙が行われ、中国がミサイルを撃ち込むなどの嫌がらせがあったが、大勝を収め、さらに民主化が進んだ。もちろん取材で筆者は台北にいたが、ミサイルにおびえる台湾本省人は皆無に近く、外省人（日本統治以後に台湾に渡った人たち）の一部が慌てて海外へ逃げる準備をしている様子を冷ややかに嗤っていた。「逃げる奴はさっさと台湾からでていってもらいたい」と。

いまの台湾の実質的な存在は「台湾共和国」という、紛れもない一個の独立国家である。しかし建前上、孫文以来の「中華民国」という亡霊に捉われ、台湾の政治は中華民国を続けていることにしている。この虚構の維持は台湾人の知恵と言って良いのかもしれない。

台北市の忠孝東路にある「国父（孫文）記念館」は訪れる人がすくない。ところが北京はヴァーチャルな存在としてしか存在していない中華民国という幻像をいまも実像と誤認しているため、「台湾共和国」としての現実のほうは認め難いという矛盾がある。

台湾は人口の八五パーセントが本省人、一三パーセントていどが外省人で、ほかに少数の先住民がいる。

外省人のなかには北京と同様に激烈な中華思想の持ち主がいまも存在するが、「蔣介石時代の国民党の残党」（統一派）の一部が北京の呼びかけ（ひとつの中国）と思想的に共鳴しているくらいである。

蔣介石独裁時代には台湾でも中華思想の歴史教育を徹底させた。故宮博物院へいくと「中華八〇〇〇年」の歴史があるなどと獅子吼《ししく》しており、学校では子供たちに反日を教え、日本語教育は禁止されていた。中国でも「中華五〇〇〇年」と謳うが、台湾は八〇〇〇年!

台湾化に動き出した李登輝を台湾国内の統一派と中国は「反李登輝」という文脈では利害が一致することになる。根本的な差は国民党による統一か、中共による統一かの違いだけだが、いまや第三次国共合作だから、その点さえどうでもよくなったのではないかと思うことがある。

第二次世界大戦後、台湾は中華民国の支配下に入ったが、多くの外省人が逃げ込んできたのは一九四九年、国民党が共産党に敗れ、台湾に避難してきたからだ。延安《イエンアン》の洞窟に籠もった散発的ゲリラ、というより山賊に近い匪賊で共産主義なるイデオロギーに粉飾されたカルト集団を率いた毛沢東《マオツェトン》は、ソ連の援助を得ることで俄に優勢になった。

一九四五(昭和二十年)年八月、日ソ中立条約を破棄して旧満洲に怒濤のごとく侵攻したソ連は、当初日本軍の激しい抵抗を受けた。

ところが天皇陛下の玉音放送によって日本軍は武装解除に唯々諾々と応じたために日本

軍の兵器はソ連に接収され、その多くが毛沢東に横流しされた。国民党と共産党の軍事力のバランスが突如逆転した。これが直接の原因となって蔣介石は毛沢東に負けてしまうのである。

爾後《じご》、どちらが中国の本家か、国共内戦の宣伝戦争、神経戦争の延長戦が延々と国際政治の表舞台で戦われてきた。決定的になったのは一九七一年に国連で「中華民国」の議席が中国国民政府から中国共産党に変更され、台湾は国連を脱退した直後からだ。

中国共産党が率いる中華人民共和国が、日本軍と戦ってもいないのに「戦勝国」となって常任理事国入りした。この中華人民共和国を米国も一九七九年に承認し、かたや面子を傷つけられた中華民国は国連から脱退し、事実上「台湾共和国」になった（北京が委譲をうけた国連の席は二〇一五年現在も「中華民国」のままである）。

もっとも完全に独立して台湾共和国となるには残滓として蔣介石時代の憲法（自分たちこそ本家中国であるという前提の憲法）を整理する必要がある。完全な独立のために李登輝は「制憲」を首唱し、陳水扁前総統は「修憲」を主張した。

しかし中国の横暴を前にして孤立する台湾にとって、頼りにならない米国と日本、中国経済に依存せざるを得ない台湾経済は自ら空洞化の陥穽に陥った。

二〇一五年一月、国民党の新しい主席を決める党内選挙が行われ、ただひとり立候補した朱立倫・新北市長が無競争当選を果たした。

これは先の統一地方選挙の惨敗により、責任を取って党主席を馬英九が辞任したからである。主席選挙に立候補を予定されていた呉敦義・首相は結局、参戦をとりやめた。

朱立倫に絞られたのは、六大市長選挙で一勝五敗（新北市だけを国民党ポストを護ったからである）、ほかにこれというスターが不在となったからだ。これにより一六年一月一六日に予定される次期総統選挙に、朱立倫が国民党候補になる可能性が高まった。

意外なことに真っ先に祝電をよこしたのは中国共産党の習近平・総書記だった。「一九九二年の両岸コンセンサスの堅持し、台湾独立反対を共通の政治的基礎として、両岸関係の平和的な発展を継続させ、人々の幸福と民族復興の偉業を一緒に完遂しよう」という祝電だった。

朱立倫・新主席は「両党が九二年コンセンサスに基づき、両岸の交流と協力を積極的に進め、歴史的な局面を切り開いてきた」と馬英九路線の対中国融和路線を評価し、「今後も双方の交流を拡大し、ウィンウィンの状況を造成してゆくことで、永続的な平和と繁栄が達成される」と返電したと台湾のメディアが伝えた。

台湾と日本は運命共同体でもある

日本と台湾の関わりは深い。

さすがに世界一の親日国家だけに日本人観光客も多いのだが、目立たない。理由は中国大陸からの観光団が多すぎるからだ。

拙著『台湾烈烈』（ビジネス社）にも書いたが、いまや世代交代、単純な親日家は稀な存在となり、世界の国々を相対的な比較をすれば日本が良いという認識が普遍的である。したがって日本のことをよく知って流ちょうな日本語を喋る日本通は減ったが、食文化とアニメを通じての交流は拡大したといえる。

笑笑、白木屋などの居酒屋にくわえてセブン・イレブンは全島になんと五〇〇〇店舗、カレーライスのＣｏＣｏ壱番屋、テイクアウトも寿司がベストセラーとなって、回転寿司もそこら中にある。

町中には日本料理、ウナギ割烹。筆者は外国に来てまで日本食を食べたいとは思わないものの台湾料理に飽きるとついつい足が向いてしまう。日本人相手のカラオケやスナックへ行けば日本語が飛び交い、どうも外国にいる気がしない。これは台北ばかりか台湾全島で普遍的な風景なのである。だから日本人の台湾好きも増える傾向にある。

とはいえ十数年ほど前から若者には日本語が通じなくなった。日本語学校もやや下火となり、少子化が進んだ所為か、予備校産業が斜陽なのも日本と同じである。

アニメも翻訳でみている。台湾で一番有名な日本人評論家は大前研一。作家は村上春樹。それより日本の砂利タレや歌手の名前はみな知っており、情緒豊かな演歌は廃れた。高倉健は中国大陸でこそ有名だが、台湾ではそれほどではない。げんに日本と台湾に共通する岡山とか豊原、板橋、日南など三二の鉄道駅名が共通とかで一日駅長を演じるために演歌歌手の小林幸子が台湾に来ていたが、マスコミも騒がず仕舞いだった。

他方、浜崎あゆみとか、ＡＫＢ48の誰かが台湾へくると大騒ぎになる。アニメと歌とゲームが日本文化を代表するとしたら、あまりにも皮相かつ悲壮である。

最近台湾を旅行して目に付くのはエチケットを知らない、行儀の悪い中国大陸からのツアー客だ。彼らが多いホテルは逆に台湾の客が寄りつかない。それにしても何処へ行っても中国大陸からの観光団。彼らの狂熱的土産買いのため日本人がよく買ったウーロン茶やからすみまで値上がりしていた。

名勝地へ行くと必ず法輪功が「悪逆非道の共産党」と批判の展示を行ってビラをまいている。これは世界共通である。

台南の新幹線駅から市内には二五分ほどのローカル線を利用するか、無料のシャトルバスで連絡する。途中に新興の長栄大学があり、どっと学生が乗ってきた。ジーンズにスポーツシューズ、リュックを担ぎ、電車に乗るとすぐにスマホを取り出してゲームに興じるか文字通信を始める。

一時期、日本の若者は漫画を読んでいた。いまはスマホで空疎な会話している。あれと同じである。そして台湾でも女子学生が急激に増えた。化粧品と整形の所為ではなく、栄養がよくなったので女性も長身が増え、しかも喫煙族が目立つようになった。これも日本と同じである。ファッションにお金をかける。ブランド品にも目がない。

市場をまわるとオートバイの駐車場の奪い合い、庶民の生活があり物価は安い。朝飯は百円から食べられる。学生街には吉野家、マックが集中し、デパートに群がる階層とは明らかに違う風景が下町で展開されている。

親日国家・インドの場合

インドも昔からの親日国家である。

まずインドについて最新の日本との関連を現場から報告しておきたい。

筆者は二〇一五年一月にもインドへ出かけ、グルガオン、アーメダバード、プネという三大都市をまわった。日本企業の工業団地が大規模に稼働している場所である。

おりしもオバマ米大統領の訪印（一月二五日—二七日）と重なり、テレビは二四時間の中継番組を流していた。人々の話題もオバマ、オバマ、オバマだった。熱狂的歓迎である。一年前に筆者がインド各地を取材して歩いたときは安倍首相の訪印と重なり主要メディアは熱烈歓迎、日本特集が目立った。

この「熱狂」「熱烈」とは対照的に二〇一四年秋、習近平がデリーからアーメダバードへ飛んで二〇〇億ドルの投資を打ち上げたとき、インドは半信半疑だったが基本的に歓迎した。師走にはプーチンがデリーを訪問し、濃密な両国関係を謳った。ともかく米露中、そして日本と連続的に四カ国のトップがインドを訪問したのだからブームに沸くのも当然だろう。

実際に世界中からインドへの企業進出は陸続と続いている。

つい数年前までIT産業はバンガロールに集中し、ハイテク産業はハイデラバードに集中し、自動車メーカーはチェンナイに集中していたが、いまや様変わり、インド国中に工業団地が槌音高く造成されている。

世界のマスコミもモディ首相率いるインドに異様ともいえる熱線を送り、「経済成長速度は中国と並んだ」（ウォール・ストリート・ジャーナル、一五年二月二日）などと前向きに報じた。『TIME』（二月九日号）は「米印関係は驚くほどの新パートナーシップ」と絶賛する有様だった。

とくに米国大統領を「リパブリック・ディ」の主賓として招き入れ、朝野挙げての大歓迎行事が目白押し、ミッシェル夫人の動向まで細かく写真入りで伝えた。このオバマ訪印を中国が警戒した。ある外交評論家はこれを「インド外交のクーデタ」と評した。

しかし実際の米印経済関係は目立った投資案件の成約には至らず、原子力平和利用の約束がされたが中味は公開されず、また米国からの武器調達契約にはサインしなかった。表層のお祭り騒ぎ、実態は友好の演出、オバマ訪印の実質的成果は薄かった。換言すればインドは「全方位外交」を展開しており、最大の軍事的脅威である中国とも経済関係ではうまくやっていける自信があるのだ。そのうえで中国の軍事力を背後で牽制するロシアとは依然として仲良し、米国の対露制裁には応じないというしたたかさを発揮している。

現在、人口一二億のインドは両三年以内に中国の人口を抜くと予想される。

日本はインドとは非常に相性が良く、馬が合う。岡倉天心が詩聖タゴールと魂の交流をもったようにあるいはチャンドラ・ボーズがとことん日本を信頼したように。

さきごろソフトバンクの孫正義氏もインドを訪問したが、なんとモディ首相がじきじきに会見した。一民間実業家と会うのは異例である。インドはコンピュータ産業の本場、ソフト開発のメッカ、孫正義の狙いは「第二のアリババ」探しである。孫は中国の馬雲とくんでアリババの筆頭株主であり、同社がNY上場の折、時価総額で何千億円も懐に入った手口と経過はインド人多数が知るところである。コンピュータソフト開発で世界最高水準にあるインドは次のビジネスチャンスに大きな夢を描いている。

モディ首相の出身地グジャラート州

筆者はデリーで乗り換え、まずはグジャラート州のアーメダバードへ飛んだ。この地はガンジーの抵抗運動の発祥地でもあり、川岸に立つ宏大なガンジー記念館（サーバルマティ・アーシュラム）は瞑想空間でもあり、諸外国の観光客も多くが立ち寄る。ガンジーのベッドや有名な糸車の展示もされている。位置的には北寄りの新市街にあり付近に欧米系の新築ホテルが建ち並んでいる。

「グジャラート州モデル」と経済成長の成功例のトップに用いられるのは、企業誘致を優先し、積極的に経済発展を目指し地域を活性化させたモディ首相の出身地だからだ。いまインドで人気ダントツのモディ首相はながらくグジャラート州の「知事」（英語表記はチーフ・ミニスター）を務め、スズキ、ダイキンなどの大工場の誘致に成功、ＧＤＰ成長を二桁に押し上げた。

モディ政権の懸案は土地問題。議会下院で過半数だが上院は少数派のため米国同様な首相命令を発令しても土地の取得簡素化を法律化したい。この法律が施行されないと外国企業の進出がままならないからである。

アーメダバードの町並みは緑に恵まれ、整然としているが下町は猥雑であり、埃っぽく、また貧民街が広がり、路上生活者が混在している。

もともとアラビア湾に面する港に近く、香料ばかりか繊維製品をアラブ諸国からアフリカと交易することで開けた。綿花、刺繍でも有名で、市内にキャラコ博物館がある。予約なしでは見学できないと聞いていたが、門前で待つと団体のキャンセルが出たので見学許可となった。幸運である。テヘランで絨毯博物館をみたことがあるが、あの規模に劣らない刺繍の傑作が数千点も展示されている。

筆者が気になったのはグジャラート州は「禁酒法」を施行しているため外国人が酒を買うときは許可証が必要、ためしに取得してみたがパスポート、ヴィザ、入国スタンプ、宿泊ホテルの保証書など複数の書類が必要で、手続きに一時間近くかかった。タバコも売っている店が少なく、このあまりに禁欲的な環境を目撃すると製造業の進出が今後も円滑に行くとは考えにくい側面がある。

商業都市ムンバイと学園都市プネ

インド最大の商業都市ムンバイはデリーと並んで物価高、交通渋滞に悩む。実際に大都市の物価は目が丸くなるほど高く、ホテルはおそらく日本より高い。空港からムンバイ市内繁華街までは渋滞時だと二時間もかかる。地方都市はおおむねオートリクシャーという三輪タクシーだが、外国人に三倍、四倍とふっかける悪質運ちゃんがあとを絶たず、ホテルにタクシーを頼めば、これまた流しのタクシーの二倍以上する。交通が便利なようで不便なのだ。工業団地は市内から遠いため通勤のアクセス状況の改善も必要だろう。

ムンバイの東隣に位置するのがプネという学園都市である。緑に囲まれて大学が多く、しかもヨガ道場には世界中から人があつまる。宏大な瞑想空間が広がる不思議な施設は「オショウ（和尚）インタナショナル」。筆者はたまたま近くのホテルに泊まったので、歩いて見に行った。

西洋人がチベット僧侶の服装にサンダル履き、施設のなかには入れてくれないが、付属書店の窓から覗き見ると修行僧よろしく座禅を組む人、踊る人、ヨガ体操に興じる人など様々だった。西洋人の女性が多く、日本人女性も何人か見かけた。この和尚インタナショナルという瞑想空間、日本では金沢の鈴木大拙館と構図が似ている。

さてプネには古城や、モスク、ヒンズー寺院などあちこちに点在するが、ここは大学町でもあり交通の要衝なので、鉄道駅周辺は終日渋滞、大混乱、付近は安宿だらけ。食堂は外国人なら二の足を踏む粗末さ、ハイテクセンターはやはり郊外にある。

若者の服装で気になったことは民族衣装のサリーを忌避し、デニムのジーンズ、ジャンパー。ビジネスマンには背広にネクタイという西洋化されたスタイルの流行が始まりファッション雑誌も数種出ていることだ。インドの若者たちは西洋化を急いでいる印象を受けた。

外資が殺到するグルガオン

グルガオンといえばデリーの西隣、早朝深夜なら空港からわずか二〇分という近さ。日本企業ばかりか世界の先端企業が、この地に目を付けたのは無理もない。

砂漠だった土地を開墾し、ハイテク企業が参入し、瞬く間に摩天楼だらけとなり、高級マンションが周りを埋め、なんと地下鉄も開通した。駐在日本人がおそらく三〇〇〇人はいる。日本食材を売る店もあり、日本料亭もある。ホテルでは日本語の新聞もおいている。グルガオンにはトヨタ、スズキなど自動車メーカーを筆頭に商社、電機、部品など日本企業が蝟集《いしゅう》している。

サイバーシティ、エレクトリックシティなど地区分けがされていて、摩天楼の入り口はガードマンが厳重警戒。テロに対するガードぶりは日本では想像ができない。蛇足だが、地下鉄駅で荷物検査があるうえホテルの入り口でもX線検査がある。テロの警戒ぶりは中国と変わらない。

しかしグルガオンはあまりにも宏大でニューデリーとつながる地下鉄駅の周りにはオートリクシャー専用のタクシーデスクに客が並ぶ。料金はふつうの地方都市の二倍。ホテル代金も東京並み、これほどコストが高くなると、そろそろ製造業の一部はバングラデシュに移転せざるを得ないかもしれない。

二〇一五年一月二六日のリパブリック・ディではオバマ大統領も二時間見学した軍事パレードは「インド門」から大統領官邸に向かって行進した。最新兵器を見せびらかすパレードではなく部隊ごとに制服が異なり、足を高く上げて整然とする行進には女性兵士の参加が目立った。モラルが高いのである。兵器は圧倒的にロシア製だが、米国が供与したC130輸送機とP81偵察機もパレード上空を飛んで、逆にロシアを牽制した。

ところが観閲中のオバマはチューインガムを嚙んで身体を揺らし、軍人を軽んずる姿勢だったためインド人の反感を呼んでいた。

インドの顔ともいえるデリーの駅前のバザールと高級ブランドがそろうコンノート・プレースは、わずか八〇〇メートルの距離。しかし、このふたつのポイントは清と濁、高貴と貧困を象徴する対照的な場所である。

バザールには安宿が多くバックパッカーが屯《たむろ》するが、店先の品物は似たり寄ったりの安物と偽造品ばかり、食堂も怪しげなピンクの昭明が多く、まさに半世紀前のインドがここにある。荷物を積んだ牛車のとなりを大音響の選挙カー。じつに喧《かまびす》しく猥雑な街である。

コンノート・プレースはブランド品に高級レストラン、中級のビジネスホテルなどが蝟集する。買い物客というよりブラブラとアイスクリームをほおばりながらのウィンドーショッピング族が多数で外人につきまとう怪しげな物売りや執拗な乞食には辟易する。インドには珍しい中華料理レストランが二軒あるが、ほとんど客がいない。

インド人は中華料理にさほどの興味がないのである。

ざっとインド全土をあちこち歩いてみて、中国の存在感がまったくないことに筆者は名状しがたい安堵を覚えたのである。

日本はインドとの交流をますます深める必要があるというのは凡庸な意見で、戦略的なアプローチを真剣に考慮する時代となった。

「反英」だったパール判事

さてつぎに戦略的思想的な出来事を綴ってみよう。

インドのパール判事と言えば、戦勝国が身勝手な論理で日本を裁いた「東京裁判」で、果敢にも日本の無罪を主張してくれた恩人である。保守陣営から高い人気が続いている。げんに安倍首相が最初にインドに足を踏み入れたとき（第一次安倍政権）、わざわざコルカタ（旧カルカッタ）に立ち寄ってパール判事の記念館などを回っている。

中島岳志・西部邁共著『パール判決を問い直す』（講談社現代新書）は挑戦的で論壇に波紋を投げかけた。

従来、日本で伝えられた日本擁護論の裏側には理想主義、「世界連邦」という設計主義があり、日本の保守派はおおいなる勘違いをしていると批評したためパール判事を巡ってのかまびすしき論争が展開された。

パールの日本無罪論は「A級戦犯」に関して「刑事上無罪」であるとし、道義的無罪を主張してはいない。張作霖爆殺や満洲建国、南京事件に関しては「毒を制するに毒を以てなした行為」であって非常にネガティブだと指摘されている。要は「平和に対する罪」と「人道に対する罪」という事後法によった裁き方が当時の国際法にはない概念であり、A級戦犯は当然だが無罪であり、また連合国が主張したような「共同謀議」は成立しないとパール博士は言ったのだ。

パール判事は大東亜戦争を肯定してもいなければ全面的に日本が無罪とは言っていないのである。

西部邁氏は「パール判事より清瀬一郎のほうが東京裁判の問題点をきちんと指摘しており、「東京裁判が一つに事後法にもとづく不法行為であり、二つに政治的復讐劇である、と最初に指摘したのは清瀬」だったと言う。そういえば筆者も学生時代に清瀬一郎を熟読玩味した記憶が蘇った。講演も聴きに行った。清瀬一郎『秘録東京裁判』（中公文庫）には傍線を引いて何回か読んだ。

中島岳志氏は「日本思想史の点から見ても非常に重要な問題です。パールを支えた日本人たち、下中彌三郎《やさぶろう》や田中正明という人たちは戦前の大亜細亜教会というところに集《つど》っ」たメンバーであり、「彼らのアジア主義、そして超国家主義は、どこかでコスモポリタニズムにつなが」るのであって、北一輝の世界連邦理想に通底している。

そもそもパールは現在のバングラデシュ出身でベンガル人だ。身分の低いカーストであったため差別され、苦学して大学をでたが、法律研究の動機は伝統的な長子相続法だった。なぜならインドでは「政治経済の領域はイギリス流に、文化宗教の領域はインドの伝統を尊重するという（英国の）統治」であったがため、〝法の分断〟が生まれていた。

商法、契約、訴訟などはイギリス流の法律が裁くが、結婚、相続、扶養などの家族法はインドの伝統に基づき、ムスリムにはイスラム法典が、ヒンドゥー教徒にはヒンドゥー法が用いられた。

問題は統一されたヒンドゥー法が存在しなかったため絶対的な判定をできる法典がなかった。そこで「法学者たちが依拠したのが、サンスクリット語で書かれたヒンドゥーの古典籍」だった。学者らは古典籍を体系化し、ヒンドゥーの法律は「古典回帰によって統一され、全インドに施行されていきました」（中島）

西部邁は「（だからパール判事は）イギリスの植民地であるインドがいかにプライドを取り戻すか、（中略）いかにインド文化のレジティマシー（正統性）とジャストネス（正当性）を保証するための歴史論的拠点を見出すかという、インドの思想家としての姿勢がある」とまとめる。

つまり東京裁判を通して、「パールは旧宗主国であるイギリスに、思想的な反撃を加える機会として書いた」わけであって、パールには、「親日の前に反英があった」。

パールは法廷に逐一出席せず、また東京裁判の最中にもインドへ帰国したりで判決文を書き上げることだけに熱中した。日本軍がインド独立の指導者として熱心に支援したチャンドラ・ボースにパールは一言も言及していないのは謎でもある。

また中島氏は「パールは仏教こそが、世界の歴史上、もっとも寛容の精神をもっていたと言い、仏教に内包された宗教の普遍的側面を抽出しようとし」たのが世界連邦の発想につながったのだろう、と示唆する。

西部邁氏は結論部分で、パールの思想は結局、日本の保守派は受け入れないとする。

筆者はパール判決文を精密に読んだことがない。ほとんどは清瀬一郎氏のもの、裁判の傍聴記は富士正晴氏の著作、そして最近明らかになった証拠書類として申請し東京裁判で却下された夥しい証言などを小堀桂一郎氏が編集した。

印象深かった言葉は清瀬一郎氏が「ベトナム戦争で日本が心理的にベトナム側を支援している理由は大東亜戦争の復讐をそこにみているからだ」とした意見だった。

インドの独立と日本軍

インド亜大陸は英国が植民地とした。強引に地図を線引きしてインドからパキスタン、バングラデシュ（当時は東パキスタン）、そしてミャンマー（当時はビルマ）をわけた。

これに果敢に立ち向かったのはインド、ミャンマーの知識人で日本軍に協力し、戦後、彼らが中心となって独立を獲得した。背後には日本の徹底した独立運動への理解と支援があった。

英国の植民地支配は被征服民族の分裂と内訌《ないこう》を煽り、たとえばミャンマーでは国王夫妻をインドへ強制移住させ、王女はインド兵にあたえ、王子たちは処刑した。旧ビルマから王制は消えたと高山正之氏は言う。

そのうえでムスリム（イスラム教徒）を六〇万人、いまのバングラデシュから強制的にミャンマーへ移住させて、仏教の国と対立するイスラムを入れ、北部のマンダレーには大量の華僑をいれ、少数民族を山からおろしてキリスト教徒に改宗させ、要するに民族対立を常態化させて植民地支配を円滑化したのだ。

ベトナムでフランスが同じことをやり、インドネシアでオランダがそれを真似、インドにも英国は民族の永続的対立の種をまいた。つまり言語と宗教の対立をさらに根深いものとして意図的に残し、あるいは強化し、インド支配を永続化させようと狙った。

ブラバイ・デサイ（インド弁護士会会長）は一九四六年にこう述べた。

この度の日本の敗戦はまことに痛ましく、心から同情申し上げる。しかし、一旦の勝負のごときは必ずしも失望落胆するには当たらない。ことに優秀な貴国国民においてをやである。私は日本が一〇年以内にアジアの大国として再び復興繁栄することを確信する。インドはほどなく独立する。その独立の契機を与えたのは日本である。インドの独立は日本のおかげで三〇年早まった。これはインドだけではない。インドネシア、ベトナムをはじめ東南アジア諸民族すべて共通である。インド国民は深くこれを銘記している。インド国民は日本の復興にあらゆる協力を惜しまないであろう。他の東亜諸民族も同様である。

（デリーの軍事裁判に参考人として召喚された藤原岩市F機関長等に対する挨拶）

このインドと日本は、これまで以上に戦略的な絆を強める必要があるだろう。

旧ソ連中央アジアはほとんどがトルコ族の国

アセアン各国に関してはほかの拙著を参考にしていただくとして、この小冊では日本のメディアがほとんど報じない中央アジアの動向について述べる。

中央アジアのイスラム五カ国のうち、旧ソ連のど真ん中に位置する四カ国（ウズベキスタン、カザフスタン、キルギス、そしてトルクメニスタン）は民族的にトルコ族の国である。アフガニスタンに隣接するタジキスタンだけが民族も言語も異なりペルシア系である。

このポイントはこれからの国際政治に大きな意味を持つのである。

トルコ系の源流は随・唐の王朝をたてた鮮卑《せんぴ》の人々、やがてこの鮮卑系は中国北方に鉄勒《てつろく》、回鶻《かいこつ》、そして西暦六世紀に突厥《とっけつ》を建国する。

ご先祖が同じということは民族的紐帯があり、文化的なバックグランドが似ている。中国が併呑した新疆《しんきょう》ウィグル自治区のウィグル人もトルコ系である。これらイスラム五カ国ではチュルク（トルコ語）系であり、したがってトルコ人とほとんどの会話が通じるのである。

旧ソ連圏の国々はゴルバチョフ時代のソ連崩壊によって独立を果たした。

その独立ほやほやだった頃に、筆者はカザフスタン、ウズベキスタン、キルギス、そしてタジキスタンを大急ぎで取材したことがある。

最初に訪れたのはサマルカンド、タシケントなど砂漠のオアシスとして知られる遊牧民の国、ウズベキスタンだった。カリモフ大統領は援助をもとめて頻繁に日本にもやってきたので、筆者も二回インタビューしたことがある。この国ととなりのカザフスタンは原子力発電に必要なウランとハイテク部品に必須のレアメタルを産出するので日本企業もかなり進出しており日本外交も重要視している。

旅の思い出といえば華麗なモスクと早朝の宗教音楽、ペルシア語とアラビア語のコーランがサウジアラビアとイランから大量に贈呈されていたが、ウズベキスタンの人々は両方の言語（アラビア語、ペルシア語）を理解できないので金箔の豪華本をただ同然で観光客に売っていた。葡萄が美味しくワインが旨かった。

ロシアから「乳離れ」できないカザフスタン

日本にもっとも近いカザフスタンのアルマトゥへは、ソウルからアシアナ航空の直行便で行った。

成田から仁川《ジンセン》で乗り換え、翌日の午前五時頃、カザフスタンへ着いた。時差は三時間。

アシアナ機は三時間ほど遅れた。ほぼ満席だったがほとんどが韓国人ビジネスマンと親戚訪問組だろうか、荷物がやけに多い。隣りのウズベキスタンと同様にカザフスタンに朝鮮族が多いのはスターリンの強制移住政策による。一九二〇年代から三〇年代にかけてソ連は沿海州から朝鮮族を摘発し、砂漠へ移住させたのだ。

あれから九〇年を経て、二世どころか、三世、四世の韓国人がカザフ人として住んでいる。大方がロシア語、カザフ語を喋れても韓国語が分からない若い世代が増えた。しかし同族だということで韓国の起亜自動車がカザフスタンに自動車生産工場を作った。

四半世紀前、盧泰愚《ノテウ》大統領が訪問した折に、強制移住された同胞に帰国を促すのかと思っていたが、そうした発言は一切なく、知人の韓国人に聞いても「そんな発想はないです。彼らは棄民ですから」と冷淡だった。

韓国で乗り換えたアシアナ機のクルーにはひとりも日本人がいない。ロシア人乗客が目立つ。また二〇人近いスチュワーデスが一気に乗り込むので理由を尋ねると、この便はそのままソウルへ折り返すためホテル代を浮かせるという経費節減の由。半分が帰国便の交代要員だという。人の使い方が荒っぽい。

宿泊したホテルは市内のほぼ中央にあった。真ん前の公園にロシア正教会が燦然と尖塔を光らせて、周囲の森を睥睨《へいげい》している。濃い緑が映える、美しい町である。砂漠のオアシス都市でこれほど緑が深い、きれいな都市は珍しいのではないか。アルマトゥと並ぶのはキエフとウズベキスタンの首都タシケントくらいだ。そうそう灰燼《かいじん》に帰したアフガニスタンの首都カブールも、昔は「東洋のパリ」と言われたほど綺麗な町だった。

一九九一年当時、アルマトゥはアルマトイと呼ばれ、カザフスタンの首都だった。いまでは英語の新聞が売られ、欧米の石油関係のビジネスマンの姿が目立つようになった。国語教育をやりなおし、できればカザフスタン語の文字表記をキリル文字からアルファベットに直したい、などと親西側の姿勢が印象的だった。

しかしカザフスタンではいまもロシア語が闊歩し、カザフ語の新聞もキリル文字。英語の新聞はと言えば週刊のぺらぺらな新聞がわずか一誌。それも三ドルもするのがひとつあった。

現地人からナゼル・ハーンと言われるナゼルバエフ大統領は首都をいきなりアスタナへ遷都した。

石油、ガスで国力が豊かになった半面、この国はやはりロシアから乳離れができていないのである。いや七〇年以上ものロシアの支配の長い時間のなかで歴史意識とメンタリティはすっかりロシアの洗脳を受けてしまったのか。共産主義独裁の残滓が生活文化の隅々にまだ残っているようだ。

「アルマトゥに進出した中国人の存在ぶりを見たい」というとロシア人の女性ガイドが「チャイナ・レストランならカザフスタンにも山のようにあるけど、中国人が固まっている場所なんてないわよ。カザフスタンは韓国の製品が溢れ、ロシア人が人口の二割いるけど中国人の存在感って稀薄よ」。

このカザフスタンと日本の関係も浅からぬものがあり、とくに原発のウラン鉱がある。日本の接近にロシアが目を光らせている。

「最貧国」タジキスタン

ダジク族はペルシャ系、彼らが構成する国がタジキスタンだ。

筆者は四半世紀ほど前にタジキスタンへ入った。国境には標識があるだけで出入国審査もなく、国境の町ペンジケントは寂れていた。この町はなぜか琥珀で有名な場所と聞いたので、琥珀の数珠《じゅず》をひとつ買い求めた。日本のデパートの二〇分の一の値段だった。

アフガニスタンにソ連軍が侵攻したおり、このタジキスタンが前線基地だった。ムジャヒディーンにさんざん脅かされ、武装ヘリはパキスタン経由で米軍が提供したスティンガーミサイルに撃墜され、ロシア兵はあの戦争を通じて、中央アジアのムスリムがいかに凶漢であるかを身にしみて体験したのだった。

その後、ロシア兵が去り、タジキスタンは独立したとはいえ最貧国のまま、若者に職がなく、多くはロシアへ出稼ぎにでる。

彼らは原油採掘現場や建築ブームに沸いたビルの建設現場で3K労働に従事した。重労働や危険な作業に励むので事故などで犠牲が続出し、二〇一三年だけでも七〇〇人がロシアから棺となって帰国した。この悲劇的数字が示すようにタジキスタンの外貨準備は半分がロシアへの出稼ぎからの送金である。

ちなみにタジキスタンのGDPの四二パーセントは出稼ぎからの送金、キルギスは三一パーセント、ウズベキスタンでも一二パーセントだ（数字はいずれも『ニューズウィーク』日本語版、一五年一月二〇日号）。

就職先が少ないキルギス

キルギス（旧名キルギスタン）は日本人に対してヴィザを免除しているため入国に際してのパスポート審査がかえって長い。

入国するとすぐに目にはいるのは西瓜、メロン、杏子。テント、屋台がならび付近の農民が売りに来ている。工業製品はない。行き交うクルマはドイツ製が多く、ベンツ、BMW、フォルクスワーゲン、ついでトヨタ、ホンダ、日産に三菱（四輪駆動）。バスは圧倒的に韓国勢だ。若者の多い国である。

名勝イシク・クル湖は琵琶湖の九倍もある。透明で湖面には天山山脈の雪の高峰が映える。筆者はしばし、この美しさに見とれた。ロシア人観光客が多いのもソ連時代のヴィラが並び、またキャンプ地でもあった。

キルギスはカザフスタンの保護領並みで、カザフの紙幣が使えるかと踏んでいたら独自通貨だ。ただし至る所で両替所があり、交換レートの良さから順番にいうと米ドル、ユーロ、そしてロシア・ルーブル。次がカザフの貨幣、その次が中国の人民元。日本円は両替不能だった。

宿泊したホテルのレストランで「キルギスのワインは？」と訊いたがなし。替わりにロシアのウォッカがあった。

キルギスではカラコルという山奥の町（人口六万強）に行ってみた。理由はここに一九世紀末から中国を追われて逃げ込んだ漢族の回教徒、ドンガン族（中国系ムスリム）が多数住んでいてモスクも三カ所にあるというのでそれを見たかった。

地元の人たちに「中国は怖いか」と訊くと「キタイ？　好きじゃないな」という返事だ

った。キタイとはロシア語で戦慄を籠めた中国の意味である。オロシアという中国語は通じない。そもそもドンガン族は中国語を喋れない。

カラコルからさらに四輪駆動を駆って海抜二五〇〇メートルほどだろうか、中国国境へ向かった。天山山脈の最高峰「勝利峰」の登山口でも有名な場所である。独特の山高帽（キルギス帽）、駒場らしく馬が縦横に駆け、羊がのんびりと草をはむ。のどかで、原始的な遊牧民の生活。彼らにも「キタイはどうかね」と訊くと、イヤな顔を見せた。

そうか、ここは中ソ対立のときに巨大なソ連軍が駐屯していた現場だった。

キルギスには優秀な学生が有り余っている。大学が多いのに肝心の就職先がない。首都のビシュケクだけで一七の大学があり、いくつかの学校では日本語を教えている。キャンパスは緑豊かで敷地も広く、学生はのんびりしているかに見える。

日本に来たこともない若者が、真剣に日本語を学ぶから上達のスピードが速い。ちょうど八〇年代の中国からの留学生がハングリー精神に溢れ、またたくまに日本語をマスターしたようなもの。このときの学生のなかから莫邦富や、石平らが輩出した。王毅外相も。

大学生の数はビシュケクだけで、おそらく三万人以上はいるだろうと推定される。ところが、大学教授の月給が一〇〇ドル、助教授、講師は五〇ドル。これでは家庭を養えないので大学教授は八割前後が女性なのだ。

したがって学生は卒業するとキルギスから出国し、石油・ガス景気に沸くカザフスタンへ行ってエンジニアになるか、遠くモスクワ、あるいは一部はヨーロッパ諸国へ出稼ぎにでてしまう。せっかくの素養も技術も祖国には活かす場所が稀少だからだ。前述したように同国GDPの三一パーセントは外国へ出稼ぎにでた人たちの送金である。

雇用が減法少ないため大学卒のエリートでもタクシーの運転手をしているケースが多い。偶然乗った運転手は英語がパーフェクトで、「もちろん食っていくためにロシア語も喋れるけど、日本語もすこしね」と日本語で言ったのには驚いた。「日本に行ったことはないけど」と付け加えながら。

近隣諸国から留学生が大挙キルギスへやってくるという矛盾した現象がおきている。英語の普及も意外と進んでおり、大学生は母国語、ロシア語のほかに大概が英語をあやつる。

ビシュケクは山に囲まれている。近郊の高嶺へ登ると遊牧民の居住区があり、木々におみくじに似た布を巻き付けるシャーマニズムの宗教儀式が依然として遊牧の民からは深く信仰されている。考えてみればイスラムはこの現地シャーマニズムに被さって、独特の〝キルギス型イスラム〟をはぐくんだ。

現地の〝てるてる坊主〟は、まったく日本と同じモノだった。ちょうとイランやアゼルバイジャンで拝火教《ゾロアスター》の伝統のうえにイスラムの教えが被さったように。

ビシュケクではマナス空港へ米軍基地も見に行った。

アフガニスタン戦争の補給基地としてここに米海兵隊が二〇〇〇人駐留していた時代である（二〇一四年に米軍は撤退した）。

しかし米軍は去ったがビシュケクの東三〇キロのカントという町にはロシア軍がいまも駐屯している。日本は安保条約によって米軍が駐留しているが、これをいつのまにか空気のように受け入れているのが戦後日本の防衛感覚である。幕末維新の志士たちが聞いたら卒倒するに違いない。

こうした中央アジアのイスラム圏が地政学的に中国を取り囲むがゆえに、日本は大切に付き合う必要があるのだ。

「謎の国」トルクメニスタン

もうひとつ残るトルクメニスタンは謎の国である。しかもこの国はロシアの次に中国重視である。

冷戦が終わっても一貫して鎖国に近い状態のため、筆者はまだ未踏である。友人の佐々木良昭（東京財団フェロー）は首都のアシガバートへ入って前大統領と会ったこともあるというがこういう日本人は例外だろう。

トルクメニスタンはその国名通り「トルコ人の国」という意味である。しかし外国人の入国を極端に嫌う独裁体制だから中国や北朝鮮とはみごとに馬が合うものの、政治実態も経済実情は不明であり、筆者は現場でみたことしか論評しない原則なので、この小冊ではトルクメニスタンに関しては論じないことにする。

いずれにしても、イスラム教の国々であり、民族的にはチュルク系でトルコと連帯感があり、しかも無神論の中国を嫌う共通点がある。日本外交はこうした国々とのつきあいを今後ますます深めてゆく必要がある。

親中派のラオス、タイへの積極的反撃

章末にアセアンのなかで、ラオスとタイの最近の動き、それも中国との関連について見ておこう。

中国とラオスは国境を接している。ラオスの南北縦貫道路は中国が建設した。

ラオス北方地域は、夥しい華僑が入り込みすでに人民元経済圏に組み込まれている。つい先年までカジノを中心に二〇万人のチャイナタウンもあった。いまは廃墟らしいが。

ラオス外交はカンボジアと同様に中国の代理人的な発言をときどきするため、アセアンの会議で中国非難決議がときに見送られ、あるいは表現が変えられ、中国を名指しで非難することはほとんどない。

そのラオスにも観光ブームがやってきた。

ビエンチャンのタイとの国境は河が流れているが、その河畔には無数の安宿とフランス料理のレストランが軒を連ね、バックパッカーが多い。西洋人のバックパッカーらは古都のルアンパパンへも足を伸ばす。

中国はビエンチャン空港の改装増幅修理より、市内から三五キロ離れた場所に新空港建設を持ちかけ、先ごろ中国企業がフィージビリティスタディ（市場化可能性調査）に着手することで合意した。二年間で調査をおえ、実際の工事期間は五年を予定。二〇二三年完成が目標とされる。ビエンチャンへの観光客は現在の一〇〇万人から、二〇二三年には二〇〇万になると予想されている。

二〇〇八年にはいちど韓国が一八キロ離れた場所での新空港建設でフィージビリティスタディを行ったが、結論は「居住区に近すぎる」と理由で見送られた。融資条件も折り合わなかったらしい。

中国は、このラオスからさらに南のタイへ高速鉄道（新幹線）を二本作るという世紀のプロジェクトを持ちかけ、タイ政府と合意した。

タイの南北を縦貫する新幹線はふたつのルートがあり、総工費は四〇〇〇億バーツ（邦貨換算で一兆三〇〇〇億円強）

計算によれば、Aルートはチアンホンからアユタヤまでの六五五キロ。Bルートはノンカイからマプタフト港までの七三七キロ。

ところがタイ政府は「100%中国からの融資には頼らない。地元資本と日本からの借款で補完する」として、中国への全面依存の危険性を指摘し、アジア開銀などを通じて日本からのローンを予定しているとした（『バンコクポスト』二〇一五年二月一八日）。

中国は借款のうち一部を二パーセント、五年の据え置き後、一五年で返済が条件で、残りを四パーセントの利息を提示し、中国輸出入銀行が貸し出すという条件だった。タイは四パーセントの利息を高すぎるとし、一部を日本に頼り、一〇〇パーセント中国依存から脱しようというわけだ。ただしタイ国内の議論では「バンコクにつながらない新幹線に意味はない」と反対論も根強い。

第五章

内部崩壊の画策

——エスカレートする中国の権力闘争を逆利用

習近平の権力闘争はリスクととなり合わせ

習近平《シージンピン》の中国が唱える強気の覇権主義はどこから生まれて来るのだろうか？

習近平の個性が中国をして危険な軍事冒険主義に乗り出し米国と対決する挑発的姿勢を継続させているのか。それとも時期的に中国が大国意識を取りもどし再び歴史への挑戦をはじめるタイミングでたまたま習近平が権力の座に就いたのか。

彼は太子党出身とはいえ、強固な自分の派閥を持っていない。だから江沢民《チァンツェミン》院政のもとで、十分な力量も発揮できなかった胡錦濤《フーチンタオ》よりも弱い権力者と思われてきた。ところが、反腐敗キャンペーンをてことして、あれよあれよというまに自派閥を固め、政敵をつぎつぎと窮地に追い込んで幹部らを失脚させ、いささかの意外感がともなうとはいえ、権力基盤を強固なものにしたかに見える。

二〇一五年二月二六日、習近平は新たなる中国共産党の目標を打ち出した。それは「四つの全面」という、なんのことか理解に苦しむ戦略方針であった。

毛沢東《マオツェトン》は「農村から都市へ」「中国共産党と民族解放への道」を提唱し、あげくに大躍進を標榜して数千万の国民を餓死させた。

「四つの現代化」を主唱した鄧小平《ティンシャオピン》はなかでも「軍事力の近代化」に重点を置いた。

江沢民は「三つの代表論」を言いだした。要するにこれは「資本家も党員として迎える」ことを難しい表現で言い換えたにすぎなかった。

胡錦濤は「小康社会」と「和諧社会」を主唱したが、結局、国民の所得格差はすすみ、社会は不満と怨嗟の洪水となった。

発足当時の習近平は「中国の夢」を叫んだ。

「愛国主義による中華民族の復興が中国の夢」だと、抽象的な語彙をならべて飛躍したことを言った。けれども誰もついてこなかった。その後の習の言葉は「新常態」と「集中統一」である。しかしこれでは話にならない。

そこで習近平は「四つの全面」と言い出した。これぞ中国を蘇生させる武器である、と言うのだが、内容はといえば、

（一）全面建設小康社会
（二）全面深化改革
（三）全面依法治国
（四）全面従厳治党

「小康」は『礼記』と『孟子』にもある言葉だが、モラルを失った国で意味が分かる国民は少ないのではないか。「深化改革」の裏の意味は利権集団を排除せよということであり、「依法治国」は文字通りボス交渉やコネ社会の悪習をやめ、法律が優先する、西側の法律優先実現を目的とするのか、党が決めるルールに従わない奴は容赦しないという脅しなのか、曖昧である。

そして四番目の「全面従厳治党」という意味は「党の復興が重要であり」、ちゃんとしたパルタイを再建しないとソ連共産党解体の二の舞になるぞという党内への警告である。

習近平の軍師的側近は七名いる。

常に外遊をともにする王滬寧《ワンフーニン》、行動を管理する栗戦書《リイジャンシュウ》に加えて五人の部下が習近平に忠節を近い、周りを固めた。権力の掌握から二年の歳月をかけて。

王滬寧は「中国のキッシンジャー」。外遊をともにして外交演説草稿をまとめる。言ってみれば「大統領安全保障担当補佐官」だ。王は江沢民、胡錦濤にも外交顧問として仕えた。したがって完璧な習近平派とは言えないが、超派閥的存在といったところである。

栗戦書は中央弁公庁主任で、米国の大統領首席補佐官に匹敵する。前任者は失脚した団派の令計画《リンジーファ》だ。栗戦書は太子党でもあるが、習が下放（文化大革命期に党と政府機関の幹部らを長期にわたり農村に派遣し、農業労働に参加させたこと）された陝西省以来の親しい朋《とも》でもある。この二人は現在中央委員であり、次期執行部（常任委員会）入りが確実と言われる。

ほかに五人の習近平を囲む軍師的な側近グループがある。

総書記弁公室主任の丁薛祥《ティンシュエシャオ》、福建省宣伝部長の李書磊《リーシューレイ》（北京の神童といわれた李は国内演説草稿を担当する）、中央党学校常務副校長の何毅亭《カイーティン》（反腐敗の理論構築）、国家発展改革委副書記の劉鶴《リウホー》（北京一〇一中学で習と同窓生）、中央軍事委員会主席弁公室主任の鈡紹軍《ツォンシャオチン》（彼は軍歴がなく、習の秘書だった）。

これら七名が習近平軍団の中核であると多維新聞網（二月二四日）が伝えている。

政権発足当時、「軍師」といわれた劉源《リュウユエン》（劉少奇《リュウシャオチー》の息子）は視界から消えつつあり、日本が期待する胡徳平《フーデーピン》（胡耀邦《フーヤオバン》の息子）は民主化理論派なので、民主化を嫌う習の視界には、最初から入っていない。

暗殺を恐れボディガード軍団を入れ替える

そのうえで習近平は身辺を警護する「ボディガード軍団」の幹部人事を大幅に入れ替えた。暗殺、あるいはクーデタを恐れるためだ。

歴代皇帝は権力を万全なものとするため、周辺に身内をおくのは当然であり、中枢を固めてから次に政敵の排除に乗り出すのは定石である。

習近平も過去のひそみに倣い、とくに装備にも恵まれたエリート軍団「保定《ポーテン》三八軍団」などに自派の軍人を次々と抜擢し、共産党幹部が住む中南海警備を万全にした。保定にはかつて軍幹部学校がおかれ、蔣介石もここで学んだという場所である。

中南海は中国共産党の権力中枢、この重要地域を守る軍人エリート集団は昔から「御林軍《ぎょりんぐん》」とも呼ばれた。「王城の護衛者」である。

最高権力者が信頼する軍人が指揮するのは「北京衛戍区」だ。ここを守る軍人単位は「保定三八集団軍」と「陸軍三九集団軍」が中核である。前身は林彪《リンピャオ》が指揮した第四野戦軍でかつて毛沢東が死んで四人組が台頭し、権力中枢を掌握したとき、華国鋒《ホワクオファン》はこれらの部隊を動かし、一種の軍事クーデターをおこして江青《ジャンチン》らを追放した。

すでに習近平は軍の総政治部、総参謀部、総後勤部、総装備部、そして第二砲兵軍の高層部人事を大幅に入れ替え、四〇名ほどの高級軍人が移動した。ただし党中央軍事委員会副主任の許基亮《シューチーリャン》と范長龍《ファンチャンロン》は団派のボスでもあり、総参謀部長の房峰輝《ファンフェングィ》とともに胡錦濤人事によるものだから、手出しをしていない。団派を正面の敵には回せないからだ。

次に習近平が手を付けたのは権力中枢を守る部隊の人事である。

これらの人事は直属の上司ではなく、軍事委員会主任（つまり習近平）が選択権を持つ。「北京衛戍区」司令は、潘良時《ハンリャンシー》である。つい先日まで三九集団軍長だった。保定三八軍軍長は劉振立《リュウシンリー》である。六五軍参謀長を経て、少将になった。これらを総括する北京軍区司令は宋普選である。宋は五四軍長で国防大学卒。これらの管区の武装人民警察トップは王建平で総参謀部副部長から南京軍区司令だった。

つまり「習近平親衛隊四人組」とは潘良時、劉震立、宋普選、王建平だ。

そして中南海の警備司令は王寧《ワンニン》である。いずれも習近平から信頼を受けている。というより、これらの高層部の人事は習近平自らが選定した。換言すると軍のトップには手を付けず、そのすぐ下の幹部を入れ替えた。城攻めで言えば内堀を埋めたことになる。

これで習近平は枕を高くして眠れると判断したのか、次の行動に出た。

「反腐敗キャンペーン」、次の標的を李源潮《リーユエンチャオ》（団派ナンバーツー。現国家副主席）に絞り込んだ気配がある。胡錦濤の右腕だった令計画（中央弁事処前主任）の失脚にひきつづき、習近平は「腐敗撲滅」を掲げて、団派の実力ナンバーツーの李源潮（国家副主席）の息子のスキャンダルを狙った。

だがこの追及を最後まで貫徹するとなると、習は「団派」（共産主義青年団）を正面の敵とすることになり、まだ盤石とは言えない権力基盤ゆえにかなりリスキーである。

李源潮《リーハイシン》の息子は李海進《リーハイチン》という。復旦大学（上海の名門大学）を卒業後、早々と夫妻で米国にわたり、ハーバード大学でまなび、エール大学でMBAを取得した。上海へいったん帰国後、外資系銀行からスイス企業のノバルティス（世界四〇カ国、従業員九万人の大企業）の幹部に抜擢され、また米国へ移住した。

二〇一〇年前後、幹部の子息らが海外で就職したりするのは腐敗の象徴という批判が強まり、留学先からの一斉帰国運動がおこった。習近平も一人娘の習明澤《シーミンツェ》を留学中だったハーバードから帰国させた。

李源潮も米国から息子夫婦を帰国させた。

方正集団（北京大学スピンオフの企業）役員の李友《リーヨウ》が、収賄で京都の豪邸を所有しているという醜聞が暴かれ、この一連の取り調べの過程で、李源潮の息子も京都に「潤心庵」という企業が所有する豪邸が登記されていることが判明した。北京銀行の陸海軍《ルーハイチン》取締役と方正集団関連の方正証券幹部も拘束された。

令計画も京都の豪邸所有が騒がれた。李海進と親族名義での登記はされておらず英領バージン諸島に登記されたダミー企業名義で登録があるという。これらの本当の所有者は令計画の弟である令完成《リンワンチェン》と李友の娘、そして李源潮の息子の三人ではないかという疑惑が急浮上したのである（『博訊新聞網』二〇一五年一月二一日）。

反腐敗キャンペーンは権力闘争の武器でしかない

反腐敗キャンペーンが本来の清廉な政治家に生まれ変わらせる法律的倫理的な行動ならともかく、習近平が展開しているのは権力闘争の武器としての活用である。

政敵を可能な限り多数、しかも短時日裡に失脚させて枕を高くすることが目的である。

守旧派の長老格、李鵬《リーポン》の周辺が騒がしくなった。長男の李小鵬《リーシャオペン》は山西省省長に昇格しながら、実権が付与されておらず、長女の李小琳《リーシャオリン》の番頭格などが取り調べの対象になっているとの情報も飛び交っている。

江沢民の長男も最近、公職の座から引退を余儀なくされた。

次に習近平が捜査の手を広げたのは金融畑である。

北京銀行取締役の陸海軍が「重大な規律違反」として取り調べを受けていることは先に述べた。陸は北京銀行最大の株主である北京能源投資の会長をしていた。周永康《チョウヨンカン》ともエネルギービジネスでつながりがあり、その関連性が疑われた模様と華字紙『多維新聞網』が書いている（二〇一五年二月五日）。

民生銀行頭取だった毛暁峰《マオシャオポン》も取り調べ拘束され、石油派との関連が云々されている。同じくエネルギー企業のインサイダー取引の疑いで方正証券の雷傑《レイティエ》会長が拘束され、第一汽車のCEOも失脚している模様である（同紙）。

マッキンゼーは同日、中国の債務はGDPの二八二パーセントという驚天動地の数字を発表した。この数字は日本よりはるかに悪性である。


中国人民解放軍の汚職は凄まじい。

そのうえ、これは中国人の体質であり、数千年もかわらない習俗でもあり、一朝一夕に是正されるはずがないのである。

とくに総装備部と総後勤部は利権の巣窟、賄賂が飛び交う伏魔殿と言われ、高級軍人らは「腐敗館」と民衆から呼ばれる豪邸に住んでいる。

制服、制帽、軍靴の業者からのリベート、装備品は員数のごまかしからミサイルは囮《おとり》と称してセメントで誤魔化し、予算をちょろまかす。新兵の親からは賄賂、契約している売春窟経営者からも賄賂。あげくに死刑囚の臓器売買！

すでに徐才厚《シーチャイホウ》（前軍事委副主任。二〇一五年三月に死亡）、谷俊山《クーチュンシェン》、王守業《クンショウイエ》らは悪事を暴かれて失脚したが、いまも一五名の高級軍人が拘束、取り調べを受けている。

一月一七日に習近平は軍幹部を集めた会合で「軍人（武装人民警察を含める）の副業は厳格に禁止する」と通達した。また飲酒、宴会の禁止、幹部を迎える赤絨毯の廃止、贅沢な会合の禁止、会議でも無内容な発言を慎めなどと戒めた。それほど窮屈な軍隊となれば、多くの軍人はむしろ不満をたかめるだろう。午後五時から宴会場となりマオタイ酒が飲み放題だった。それが楽しみだった軍人から享楽を奪って、彼らは共産党に忠誠心を維持し、命じられるがままに戦争に行けるのか？　代わりに提示されたのは給与の六二パーセントアップ、しかも現職ばかりか、退役軍人を主体とする民兵の手当、軍人恩給も六〇パーセント上げるという。民兵だけでも三九〇〇万人もいるのに？

二〇一四年だけでも共産党内部において汚職容疑で失脚もしくは左遷、停職処分をうけた党員が二三万二〇〇〇人にのぼった。例年の三倍の数字である。しかし軍系列のホテル、貿易会社、関連企業など多くの軍関連ビジネスについて、あるいはデベロッパーと組んでの軍用地転売や鉄道輸送の権利売買など、巨大な利権をそのまま放置するとは考えにくいうえ、財政的にも給与アップの財源をいかに確保するのか代替案は不透明である。

余談を少し。ユン・チアン著、川副智子訳『西太后秘録・上下』（講談社）の原書がでたのは二年前で、すぐ米週刊誌の『ＴＩＭＥ』に書評が出た。その後いくつかの華字紙にも書評が出た。とくに香港誌『開放』はかなり細かな書評だったので「日本訳を楽しみにしている」とある雑誌のコラムに紹介がてら書いたことがある。

なにしろ、西太后は「名君」であり、「近代中国の基礎を築いた傑出した指導者」だったとユン・チアン女史は過去の歴史家とは異なることを言うのだ。世界的ベストセラーとなった『ワイルド・スワン』と『マオ』のあとだから、評判になるのは当然であろう。この二冊は四〇カ国語に翻訳され、世界で大評判となった。肝心の中国では発禁本だが、香港や台湾で売っているので、大陸内でも相当読まれているようである。『マオ』で彼女は暴君、毛沢東の悪事をみごとに暴いた。

悪評高い烈女、西太后を近代化の貢献者として従来の評価を百八十度逆転させる内容だから半信半疑にもなるだろう。

だが、西太后が史上稀な悪女というのは、後世の評価、それも革命後の人物評だから、孫文が偉い人であり、その魁《さきがけ》となった康有為《カンヨウウェイ》や梁啓超《リャンチーチャオ》らを前向きな改革者だったとする歴史観に立てば、彼らを弾圧した西太后は悪人になるのは当たり前である。

革命の合法性をえるには前王朝を徹底的に悪者にしなければならない。西洋の観点からしても義和団の乱はカルト暴力団であり、それを背後で煽った西太后は悪役となる。日本でも評価も孫文革命を善として、その前史である秋瑾《チュウチン》らの活躍を高く評価し、義和団の乱も無法者の暴力としてかたづけられている。したがって本書『西太后秘録』を日本人がすんなり受け入れるかどうかは不明である。

ユン・チアン女史は、前作『マオ』でも明らかなように共産主義革命の残忍な暴挙のかずかず、毛沢東の陰謀家という真相をこれでもか、これでもかと徹底的に暴いた。それも一四歳で紅衛兵にかりだされたうえ地方に下放された経験があるだけに共産革命には批判的であり、その反動としての郷愁が、かの清王朝に浪漫を求めたのではないか。
だからユン・チアンはこう書く。

西太后の死後まもなく中国を牛耳った政権はいずれも意図的に彼女を貶め、その功績を黒く塗りつぶした。西太后の死後の混乱から国を救ったのは自分たちだと主張するために。

なお日本に関しての記述は当然ながら中華思想的バイアスにみちており、日本の進出を客観的な検証もなく帝国主義的な「悪」として描いているので、たとえば伊藤博文への評価は低い。

「第二の林彪事件」？　ミステリアスな飛行機亡命未遂

閑話休題《それはさておき》。二〇一五年二月一〇日、中国の空域管制の国家空管委弁公室副主任の劉子栄《リウツーロン》

が飛び降り自殺を図っていたことが分かった。香港の『明報』（一五年二月一一日）が伝えたがその生死は不明である。

劉子栄は二〇一四年七月におきた謎の空域管制空白事件に関連して査問される直前だった。その時点に政治舞台をもどすと、おりから疑惑が沸騰していた周永康の逮捕、拘束が噂されていた時期と重なり、国外逃亡未遂が言われた。当時、劉子栄は総参謀部作戦部空管局長を兼任しており、空域管制上で、突如飛行禁止が通達され、大物の逃亡劇かという謎の事件が発生したことの責任を問われていたのだ。

同年七月一四日午後から夕方にかけて上海と北京の空域が数時間にわたって「管制不能」という名目の下、数百機が空港に待機を余儀なくされた事件である。

数日後に当局は「軍事演習だった」などととってつけた理由を発表したが、誰も信じなかった。中央でおきている政変にむすびつくなにかが起こったと言われたのだった。

逃亡未遂事件の主役は当時から周永康と言われたが、彼は前年一〇月の石油大学創設六〇周年祝賀記念行事に姿を現して以後、公の場には出ておらず、自宅軟禁の疑いがもたれていた。

中国共産党中央が正式に周永康の査問を発表したのは謎の飛行禁止事件から二週間後の二〇一四年七月二九日である。このミステリアスな事件は「第二の林彪事件か」と中華圏のマスコミを賑わせた。林彪は航空機でモンゴル経由でソ連への逃亡を図ったが、内蒙古省で搭乗していた飛行機が墜落、死亡したとされる。

反腐敗キャンペーンも新局面へ

二〇一五年二月九日、四川省マフィアのボスで、周永康の悪事に加担した劉漢《リウハン》が処刑された。劉は周の息子らと組んで不正な土地入手転売から、派手な鉱区開発など悪名を馳せ、好き勝手なビジネスで四川省をわが者のように支配したが、五件の殺人が立証され、子分の四人とともに死刑となった。

春節（旧正月）前の二月一三日から一七日にかけて、共産党中央紀律検査委員会（以下「中紀」と略）は「六虎」の失脚を発表した。

これら六名は「重大な規律違反」につき拘束、取り調べが進行中とされ、多くが党籍剥奪処分となった。

全国政治協商会議副主任だった蘇栄《スオロン》が巨額の収賄容疑で、すでに一四年六月に失脚したが、今回の中紀の発表では正式に「党籍剥奪」とされた。この蘇栄は「中虎」クラスだろう。

次は誰が？　まだまだ終わらない権力闘争（写真：アマナイメージズ）

その前日、『中国観察』が二〇一七年の党執行部という予測記事を掲げ、「王岐山《ワンチーシャン》は退任、ネットでは新常務委員メンバーに驚きのリスト」と報じた。

これによれば、現在「反腐敗キャンペーン」の主役である王岐山（政治局常務委員、中国共産党中央紀律検査委員会書記）は二〇一七年には七〇歳を越えるためすでに次期党大会での引退を表明している。

中国共産党政治局常務委員は就任時点で六七歳以下という不文律があり、こうなると現行七人のうち、習近平総書記、李克強首相以外の五人は年齢制限で退任する。

となれば誰が新たな常務委員となるのか？

『僑報』は胡春華《フーチュンホワ》、孫政才《スンツェンチャイ》、汪洋《ワンヤン》という団派のライジングスターの三人に加え、「習の側近中の側近」とされる王滬寧と栗戦書の二人を加えた観測気球を上げた。

注目点は団派の最有力政治家である李源朝（国家副主席）が入っていないことである。

李源潮は前節でみたように息子のスキャンダルが習近平サイドから意図的にリークされ、苦境に立ったとみられたからだ。しかし二〇一五年三月、シンガポールのリーカンユー元首相の国葬には中国代表として参列している。

いずれにしても失脚対象が上海派から令計画の失脚で団派へと広がり、そして今回は習近平の部下にまで査問対象の範囲が伸びたことは、バランスを取るためだろうが、舞台裏では密かに団派と上海派が連合して「反習近平」連合の策動が進んでいるとされ、反腐敗キャンペーンも、別の局面にさしかかった。

一方、中国司法界も異変が起きている。若手判事がごっそりと退職しているのだ。通常の判事の七倍の仕事なのに、給料は七分の一、「やってられるか」というわけだ。

もともと中国の司法界は揺れていた。正しい判決が出せないので悩みの末、やめているのではない。あまりにも裁判沙汰が多いのに、収入面で報われないからだ。

北京の裁判官の平均給与は月四五三〇元（約九万円）。弁護士事務所にスカウトされると、年収が三〇万元（六〇〇万円）となる。

二〇〇八年から二〇一三年までに北京の裁判所は二〇五三人の若手を雇用したが、そのうち三四八人がすでに辞職した（南華早報、二〇一五年二月九日）。江蘇省では同時期に二〇〇〇人が辞職、広東省でも一六〇〇名が辞職した。司法界から若手の大量エクソダスである。こうなると残った裁判官が一年間にかかえる案件は二七〇ケースにのぼるという。まともな判決が期待できるはずがない。

麻薬に蝕まれた中国経済

こうした汚職や権力闘争に加えて中国を蝕むのは麻薬、薬物である。

国連麻薬取締官ジェレミー・ダグラスは広東省陸豊《ルーフォン》市の製薬企業の工場が怪しいと睨んだ。製造薬品には不適切な量のドラッグ転用原料が運び込まれていたからだ。工場を訪れると、当該企業幹部から賄賂による見逃しを持ちかけられた。国連は一九九七年から「薬物犯罪事務所」を開設している。

中国公安と協力して工場を急襲し、二・四トンのメタンフェタミン等を押収した。ほかにも興奮剤として転用可能なエフェドリンなどが発見された。これらは日本でも問題となった「危険ドラッグ」の基本材料で、興奮剌戟材である。香港の『サウスチャイナ・

モーニング・ポスト』が伝えた（二〇一五年二月二二日）。

以前から広東省には「アジア最大の危険ドラッグ工場」があるといわれ、深圳のマフィアなどを通じてニュージーランド、豪州に密輸販売ルートが開拓されていた。深圳では、怪しい化学品四〇〇トンが押収され、のべ五〇〇〇名が逮捕されている。

中国は麻薬が社会の底辺で蔓延しており、また危険ドラッグの製造と密輸出の拠点とも言われてきた。日本でも麻薬に類いするハーブや興奮剤に規制が行われてきたが、二〇一四年七月までは事実上の野放し状態だった。直前の同年六月二四日、池袋で危険ドラッグを使用した男が、次々と歩行者をはね、ひとりが死亡（中国人女性）する事故が発生、取り締まり強化と「脱法ドラッグ」の名称を「危険ドラッグ」と呼ぶようになった。

医学薬品など一四〇〇種類以上が規制の対象という。

それまでに日本の死者は二四名、税関がおさえた密輸ドラッグは六三〇キロに及び、また埼玉、千葉などでマンションに工場をつくって危険ドラッグを栽培製造していた事件も頻発した。

もうひとつ、薬物、麻薬と関連して中国国内少数民族の問題がある。

全人代開催中の三月一三日、中国雲南省とミャンマーの国境地帯、臨滄《リーツァン》市郊外のサトウキビ畑で作業中の農夫らが、投下された爆弾により一三名が死傷するという事故があった。

コーカン族の武装ゲリラを追跡中に越境した「ミャンマー軍機」が爆撃したと中国が発表したが、ミャンマー政府は一六日になって、「ミャンマー国軍は領土保全と中国との友好関係を尊重し、ミャンマー領内での活動を維持するよう指示されていた」とする声明をだし、爆弾事件への関与を否定した。爆撃された中国雲南省西部一帯は大東亜戦争中、インパールの戦いで日本軍が基地とした拉孟《らもう》に近い場所に位置し、革命後は国民党残党の拠点ともなった。高陵と霧の深い山岳、絶壁がつづき、少数民族のなかでもイ族、ワ族が住む。

筆者も拉孟から騰越周辺を取材したことがあるが、国境に近くなると検問があり、パスポート提示、住民等はIDカードを見せる。「国内国」の扱いである。国境パトロールの兵士等は機関銃で武装していた。

ミャンマー側はミートチナ（中国名は「密支那」）を拠点にシャン族が多いが、雲南との国境にはコーカン族（中国名は「果敢族」）が住んでいる。コーカン族は、中国系であり、明朝末期に中央を追われ、この辺彊《へんきょう》へと流れついた。一族の長は楊一族で、一帯で麻薬の原料となるケシ栽培で生計を立ててきたとも言われる。そしてコーカン族の過激派が組織する「ミャンマー民族民主同盟軍」は二〇〇〇名から四〇〇〇名のメンバーが中国製の武器で武装している。戦闘員には中国人も加わっているとミャンマー側はみている。中国世論は爆撃事件に一斉に反発し、「ミャンマーを撃て」「血には血をもって」などと勇ましくも好戦的な意見がならび、「懲罰を加えるべきだ」とする要求がネットに溢れた。

しかしながら北京では全人代開催中だったことも手伝い、范長龍・軍事委副主任はミャンマー国防軍総司令のミン・アウン・フライン（中国の表記は「敏昂莱」）に電話して厳重抗議し、二度とこのようなことがないようにと伝えた。ミン国防軍総司令は北京を訪問して習近平と面会したことがある。

中国雲南省の国境周辺には装甲車、高射砲移動トラック、空輸された兵士に満ちあふれ、いまにもミャンマー侵攻を崩さない構えである。付近はミャンマー側にはシャン族が多い。ワ族も混じり、雲南省は中国最大のワ族集中生息地帯だ。ワ族という少数民族はそれでも合計一二〇万人ほどおり、クメール系で色浅黒く、つい先ごろまで首狩りの習慣があった。コーカン族と同じくケシ栽培に従事してきたため、勢力争いを繰り返している。このためワ族の過激派も武装している。中国製武器が多い。

とはいえ山岳地帯で、峻険な山稜と獣道しかなく、戦車が通過するには困難をともなうため、中国側が攻撃にでなければ本格的戦争には至らないだろうと観測筋は読んでいる。

それでなくとも前年一一月のアジア首脳会議がミャンマーの首都ネピドーで開催された折、出席した李克強・首相は参加国から四面楚歌、ミャンマーの対中感情の冷たさを認識してきたばかりだ。そのうえミャンマーの南北を縦断するガスパイプラインは七九三キロ、雲南省へつながりガス輸送が始まっている。三年前にミャンマーが西側の制裁を解かれて以来、中国が建設していた水力ダムは工事が中止されたままだ。

戦争になると逃げるのが中国の軍隊

中国軍は喧伝されているほどに強いのだろうか？

一八八八年、清は北洋艦隊を創設した。これは清末期の洋務運動（近代化運動）と富国強兵策の結果である。北洋艦隊の規模は日本の連合艦隊を上回り、艦船比較で一二対一〇火砲の数量にいたっては日本の連合艦隊の三倍だった。

現在の日中軍事力比較では中国海軍が質量ともに圧倒的に日本より勝る。中国海軍は六五隻の潜水艦、三一隻の駆逐艦、六一隻の護衛艦、数百隻のミサイル装備船と一隻の空母を誇る。中国海軍の二三万五〇〇〇人に対して日本の海上自衛隊はわずか四万五〇〇〇人しかいない。

経済力を見ても当時の清のGDPの五分の一が日本の国力だった。世界の総合GDP比較で清は一七・六パーセント、日本はわずかに三・五パーセントだったのである。

こんにち、中国のGDPは世界第二位。日本は三位。こうした比較を勘案すれば戦う前に勝敗は明らかであろう。

しかし清は日本に負けたのである。

陳破空《チェンポコン》（米国に亡命した論客）が次のように分析している（香港誌『開放』二〇一四年八月号）。

第一の理由は軍の果てしなき汚職と腐敗である。

軍の費用をかじるように幹部が食いちぎった。訓練費用から兵士の食費にいたるまで貪官の汚職の犠牲となり、兵士の士気があがるわけはなかった。武器庫から砲弾を横流ししていたのだ。開戦三カ月前に慌てて砲弾を買い直した。艦船を動かす燃油を、修理工場では機械を売り払っていた。

いまもこの汚職と腐敗体質に変わりがないばかりか、中国人民解放軍の汚職の金額はべらぼうである。たとえば二〇〇二年、中国海軍はロシアから現代級駆逐艦を購入したが、ロシアの売値六億ドルが中国軍の装備修理工場を経て最終的には一四億ドルに化けていた。

近年摘発されただけでも前述の王守業・中将（海軍副司令官）の横領額は一億六〇〇〇万円。谷俊山のは四〇〇〇億円と桁外れ。各地に豪邸、皇帝並みの大豪邸を建ててご満悦だった。失脚した徐才厚、郭伯雄らは中南海の贅を尽くしたお屋敷に暮らしていた。戦略ミサイル部隊もセメントでできたミサイルで員数を偽装し、予算は使い切っていた。

北洋艦隊の基地は威海衛《ウェイハイウェイ》の沖合に浮かぶ劉公島《リウゴン》だった。艦長以下は艦で寝泊まりせず自宅には妻妾が同居していた。一般兵士は淫売窟へ通い、賭場は華やか、技楼だけでも七〇軒を数え、「武人は荒淫である」と嘯《うそぶ》いて、まじめに艦隊勤務をしていない。開戦時、「威遠」と「来遠」の艦長は不在で妾の家にいた。指揮官が不在で誰もなにをして良いか分からず、たちまち日本軍に撃沈された。王守業は愛人が六名、谷俊山は二三人だった。

北洋艦隊司令の丁汝昌らは責任を取って自殺した。まだ彼らは恥を知っていた。いまの人民解放軍幹部らは恥を知らない。日本に必ず負けるだろうが、誰も自決する軍人はいないだろうと陳破空は結論した。

つまり腐敗は軍隊のモラルを壊滅させ、闘わない張り子の虎を作るのである。

またこうした過去の教訓から得られるヒントとは、中国軍人高官を、日本版ＣＩＡが設立されたおりには、代理人と仕立てあげ機密を運ばせるクーリエにするための積極工作である。彼らはカネと女に目がないという決定的なアキレス腱があるではないか。

日本にとって中国軍の腐敗は喜ばしいことである。

第六章

中露分断工作

――ロシアを取り込む絶好のチャンス

ロシアを「あちら側」へ追いやる歴代アメリカ外交の愚

歴代アメリカ外交は誤断に基づくとてつもない見込み違いを繰り返し、結果的に取り返しのつかない失敗につながる愚かな政策の連続である。

日本の台頭に不快感を抱いたフランクリン・ルーズベルト（FDR）は心底からの親中派で、共産主義に深い同情と理解を示した。もっとも彼の周りはコミンテルンのスパイばかりだったため、あろうことか中国を支援し、日本をくじいた。ヤルタの密約で、莫大な利益をソ連に差し上げたのもルーズベルトだった。スターリンをFDRは「仲間」だと思っていたのだ。

米国は第二次大戦ではソ連と組んでナチスと戦い、日本とも戦った。英国がモスクワと組んでナチスを挟み撃ち、アジア方面のことは米国を巻き込む必要があった。英国の暗躍が戦後の歴史では軽視されがちだが、日本は大東亜戦争に打って出ざるを得ない状況に追いやられた。

戦後、米占領軍が押しつけた「太平洋戦争史観」なるものは、よくもこれだけ嘘を並べたな、と思えるほどのフェイク（偽）歴史観である。本当のことが暴露されるといかに欧米人が悪魔的かということが了解できる。同時にアジアの嘘つき三人組＝シナと朝鮮とアジア各国の華僑の悪徳政治家と商人たちである。マッカーサーは英雄ではなく臆病で卑怯者だった。だからコーン・パイプをくわえて厚木に降り立ったとき失禁していた。

戦後、米国は味方と考えてきた蔣介石への援助を中断し、毛沢東にシナ大陸を支配させた。「誰がチャイナを失わしめたか」とリチャード・ニクソンなどは後年、ルーズベルト外交を攻撃した。こんにち真珠湾攻撃はルーズベルトの仕掛けた罠であったことも証明されている。それが不都合なために米国は「修正主義」のレッテルを貼るのだ。

米国とて騙し討ち、奇襲、虐殺は専門である。インディアンを糧食のバッファローとともに殲滅し、スペインがインカ、マヤ文明を滅ぼしたようにアメリカ大陸の先住民族を抹殺することになんの躊躇《ちゅうちょ》もなかった。次にスペインを騙してキューバ、コロンビアを取り上げ、ハワイと併合し、フィリピンを植民地とした。その西方拡大のいきつく先は中国という巨大なマーケットである。その入り口に小さな島国がある。日本だ。だから米国のマニフェスト・ディスティニィ（神の決めた運命に従いアメリカは西へ西へと向うのが国是という意味）の進路に立ちはだかる邪魔者は消さなければならないという身勝手な論理となる。

朝鮮戦争で恩を仇で返すかのように毛沢東は朝鮮半島に義勇軍を送り込んできた。米国は爾来《じらい》、ソ連と中国を一枚岩の共産主義同盟と誤認し、封じ込めを謀った。

中ソ対立が起きていたことを、鉄のカーテンの向こう側の政局激変を知らずにいた米国は、ある日気がついたのだ。米国と自由世界の主要敵であるソ連を封じ込めるには、むしろ中国を駒として利用することが得策であり、理にかなっていることを。

ニクソンの安全保障担当補佐官だったキッシンジャーは中国の軍事同盟国＝パキスタンを訪問し、三日ほどホテルに病気と称して引きこもった振りをして、イスラマバード経由で北京に密かに飛んで周恩来《チョウエンライ》と密談をなし、米中関係の劇的な再生に結びつけた。ニクソン・ショックと呼ばれる米大統領の北京訪問が発表された。

この間、米国は徐々に中国へてこ入れを開始し、一九七二年のニクソン訪中から、七九年の国交回復の期間に台湾と外交関係を断ち切り、スポーツ文化交流から軍事交流への道を突っ走る。もし中国がソ連と軍事衝突し、それが長期化した場合、米国は装備などの支援のほか、ソ連軍の動きを分析した情報の提供もほのめかし、中国軍の脆弱性を補完するなど中国軍の近代化に側面的援助をなした。

それが布石となって今日の中国人民解放軍はおばけのような凶悪な存在となった。

わずか四半世紀後、人民解放軍の装備は見違えるほど近代的となって米軍を脅かす実力を蓄えるにいたった。四半世紀前、中国軍は通信のインフラに立ち後れており、情報を的確にタイミングよく入手することが困難であったばかりか、すぐ近くの部隊がどこにいるかさえ通信上の整備が追いつかず、まともな軍事作戦も立てられなかった。

それが今日では部隊間の情報の共有から、状況の把握の迅速さにいたるまで米軍と同等レベルに達しており、中国は宇宙に偵察衛星、通信衛星、観測衛星、スパイ衛星、キラー衛星を打ち上げ、敵陣の港湾、飛行場、弾薬庫、燃料貯蔵施設など標的の把握を宇宙との通信と円滑な連絡網を構築している。

日本は通信衛星、探査衛星、気象衛星を自前で打ち上げてはいるが、偵察衛星を保有しておらず、敵国の通信傍受もままならず、せいぜい暗号解読、スクランブル発進ていど。つまり時代にそぐわない装備、後方支援の状態だ。

米中雪解けを商業的に先読みした日本は中国に急接近するために台湾を弊履《へいり》のごとく捨て、異様な金額を注ぎ込んで、中国の経済発展を助けた。

将来を不安視する声を、日本のマスコミは消して、企業の投資を進めた。戦前のコミンテルンのごとき代理人役を果たしたのが、日本の主力メディアだった。やがて中国が経済力をつけると、それが軍拡となって将来日本への脅威となることを当時の日本の政治家も財界人も考慮した形跡がない。だから米国の歴代政権同様に日本も愚かだった。いや、はるかに愚かだった。そのうえ、中国が脅威ではないと言い続ける朝日新聞など、おかしなメディアがいまだに日本では「健在」である。

ソ連が崩壊し、新生ロシアが米国の脅威とみなされなくなると、米国の対中態度はがらりと変わる。米国の軍事力に挑戦しようというライバルの出現に敵対的になるのは大国として当然である。

したがって現状を分析すれば、

ロシアを中国から引きはがすことは、あたかも一九七〇年代にソ連から中国を引き離した時のように、アジアにおける力の均衡において好ましい影響をもたらすことになる。ヨーロッパにおけるロシアの報復主義を阻止しながらも、アメリカ政府はこの可能性を排除してしまうような行動はいっさいとらないようにすべきであろう。

(アーロン・フリードバーグ『支配への競争』)

だがオバマはまたここで間違えた。

オバマはルーズベルトと同じ過ちを犯し、ロシアを「あちら側」に追いやってしまうという愚を、歴史の教訓を考えずに、周囲の反対も聞かずに押し切って、将来の歴史家から愚昧な大統領として評価されるしかない道を選んでしまった。

クリミア問題が火をつけた欧米のロシア経済制裁である。

「ニカラグア運河」でロシアの反撃がはじまった

すでに多くの地点で米国の思惑は大きく外れ、中国の敵対的な軍事行動は、とうとう米国の目の前に現れた。

米国の「中庭」で中国とロシアが未曾有の挑発に出た。中国主導の「ニカラグア運河」の建設がはじまったのだ。

スペインを罠に嵌めてフィリピン、キューバをとり、あげくにニカラグア運河計画を最初にぶち挙げたのは米国だった。ところが難事業とわかるともっと南に目を向け、コロンビアを分断しパナマを独立させて運河を拓いた。その百年の野心、ニカラグア運河を中国がアメリカの裏庭に造ろうというのだから、歴史の皮肉。米国は内心穏やかではないだろう。

ハワイを無理やり併呑したやりかたも常軌を逸しているが、インディアン抹殺も、豪のアボリジニ抹殺も、基本的には人種差別の発想がある。なんたって白人が優位であり、ほかは黒も黄も容赦なく奴隷としてこき使い、あるいは虐殺したのが、欧米が世界でなした犯罪である。

ともかくニカラグアという「米国の中庭」で中国は、米国の大きな権益があるパナマ運河に対抗するため膨大な建設費を投じてニカラグアの東西を貫通させる運河を建設し、数年で完成させると息巻いている世紀のプロジェクトだ。

そのうえ、ロシアが中国の運河建設を礼賛《らいさん》しているのだ。

ロシアのセルゲイ・ショイグ国防大臣は二〇一五年二月にニカラグラ、ベネズエラ、そしてキューバを訪問した。いずれも中国が大々的な投資を行っている国々だが、もとはと言えば、ソ連時代に「あちら側」だった国々である。

ニカラグアのサンディニスタ独裁政権はソ連の後ろ盾で革命に成功した。

キューバはソ連の代理戦争を各地で戦ったほど、反米のあまりにソ連衛星圏の中核的存在だった。

ショイグ大臣はニカラグアでロシア軍艦寄港の二国間取り決め文書にサインし、また将来、ニカラグア運河完成の折は、ロシアの軍艦が通過するとした。

「これは重要な案件であり、ロシアの軍艦が太平洋からメキシコ湾へ入れることを意味する。ロシア海軍は長距離巡航ミサイルを装備した艦船を保有しており、これらがキューバの近海で遊弋すれば、米国の下腹部をいつでも襲撃可能となる。これこそはロシア周辺国に米国と連携した軍隊の展開に対してのロシアの回答である」。

米国のキューバへの急接近はキューバ側が要求しているグアンタナモ基地の撤収が最初

になされて以後、本格化するかもしれないが、ロシアは国防大臣を送り込んで、米国を牽制する。

ただしキューバでラウル・カストロ議長となにを話し合わせたかの発表がなかった（英語版プラウダ、二〇一五年二月一六日）。

ベネズエラでは火砲、戦車、機械化装置など軍事物資の購入に関して打診し、また共同の軍事演習についてつっこんだ話し合いがもたれたという。

インドはモディ首相の登場以来、たしかに親米路線に外交方針を変えたが、それでもプーチン大統領をあたたかく迎え、対米外交との均衡をとる。なぜならインドの武器システムはソ連時代からロシア製で体系化されており、短期間での米軍システムに切り替えは不可能だからだ。

ニカラグア、キューバはインド同様な境遇にあり、中国がいかにしゃかりきになろうともラテンアメリカ諸国の武器、防衛体系は一朝一夕に中国のシステムに二者択一というわけにはいかないだろう。

ともかく中南米でおきているのはクリミア併合に端を発し、ウクライナの戦火拡大に抗議して採られた欧米の対露経済制裁により、ロシアをして、こうした報復的行動を採らせてしまったのであり、オバマのロシア制裁は愚策だったと総括できるのである。

ロシアのアジア・シフトを活かせ

オバマ大統領の米国が「ピボット」（米国軍の配置をアジア重視にシフトする）を宣言する（二〇一一年）以前に、プーチンの「アジア・シフト」ははじまっていた。

ロシアのアジア・シフトの嚆矢《こうし》は二〇〇六年一二月にクレムリンで開催された「安全保障会議」（ニコライ・パトルーシェフ書記）だった。ロシアの重大な国家戦略を策定するこの席で、「極東における人口減少問題に注目し、この傾向を覆すための大規模な極東開発の戦略的決定を採択した」（下斗米伸夫『プーチンはアジアをめざす』、NHK出版新書）

ロシアにとっても中国は脅威である。ロシアを占領したモンゴルも脅威である。ロシア人のDNAには「タタールの軛《くびき》」といって、東洋の凶暴な軍事志向の遊牧民を恐れ、中国人と同一視している。

そのロシアが本格的に極東開発（沿海州から東シベリア）に走り出した。

二〇一二年九月のAPECに野田首相（当時）がウラジオストクに飛んで、プーチンと握手した。一四年には安倍首相がソチ五輪開会式に臨んだ（英米仏はプーチンが同性愛結婚を認めないのは人権侵害との理由を付けて開会式をボイコットした）。

ウクライナ問題で西側がロシア制裁に踏み切り、G7のメンバーでもある日本はこの制

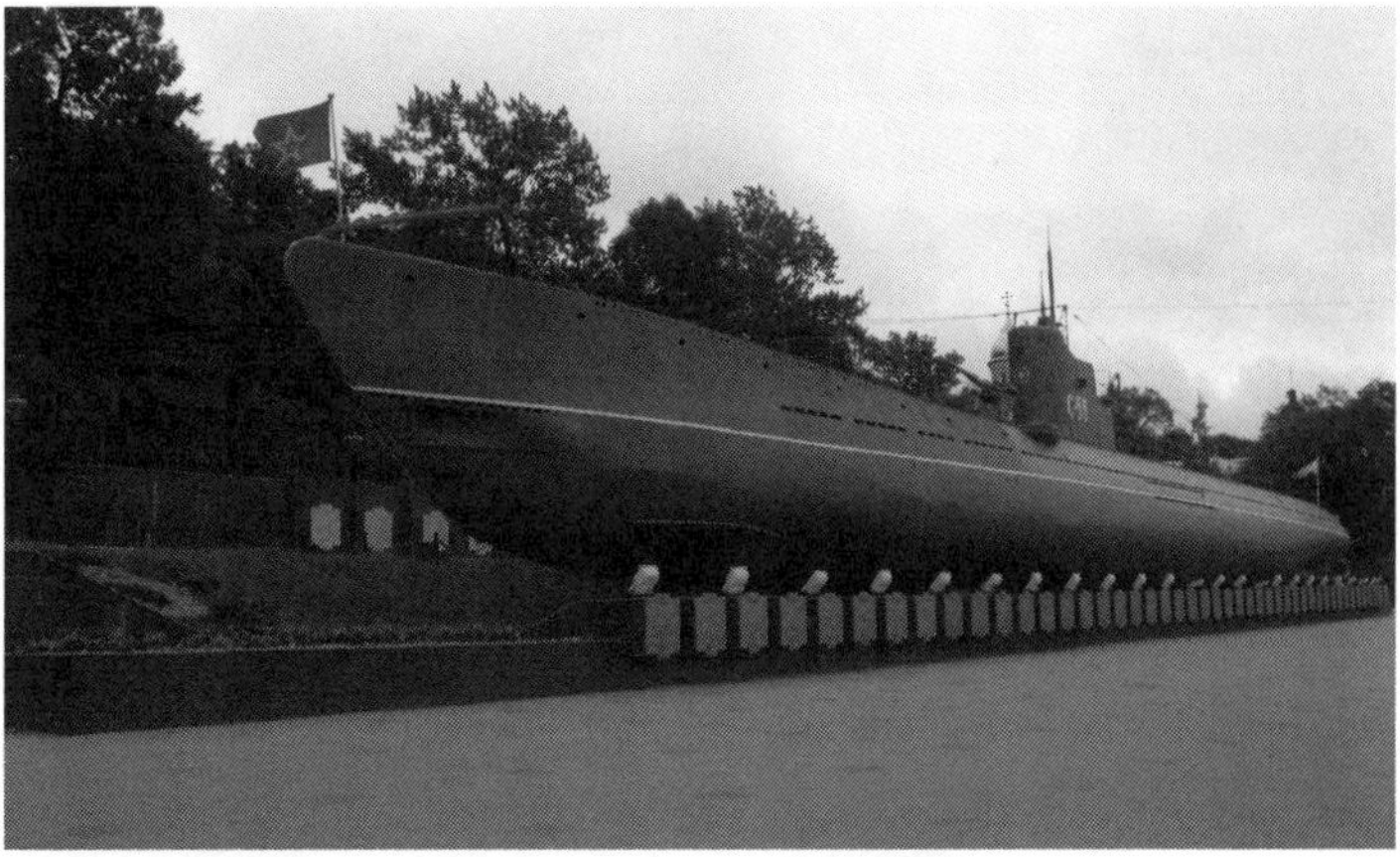

潜水艦C56博物館。ウラジオストックにて（筆者撮影）

裁に足並みを揃えなければならず、過去の前向きな流れが大きく後退した。

二〇一四年五月、サンクトペテルブルクで開催された国際経済フォーラムで、プーチンは北方領土問題に言及し「二島だけではなく、四島が交渉の対象である」と瞠目すべき発言もしている。ロシア大統領が「四島」に言及したのは初めてである。

その二年前にもプーチンは「日本との領土交渉を引き分けで決着する用意がある」とするメッセージを送っていた。後者については、日本のマスコミも「柔道のコツを知るプーチン」などと多少は報じたが、前者のメッセージは黙殺した。

絶好のチャンスが転がり込んできたのに、日本外交はこれを活かせなかった。

プーチンは言った。「ロシアを取りもどす」と（安倍首相の標語は「日本を取りもどす」、エルドアンは「トルコを取りもどす」、モディのそれも「インドを取りもどす」だ)。

なぜか欧米は怒りをあらわし、プーチン大統領を国際秩序を破壊したと批判する。直後に「経済制裁」を発表し、プーチン側近の財閥たちが密かに移管した在米資産を凍結した。そしてG8からロシアを排除するという挙にでた。一五年六月にドイツで予定されるG7のゲストにも「プーチン大統領は呼ばない」(メルケル独首相)。

追いつめられたプーチンは日本に秋波を送る

制裁発動から半年ほど経って、筆者はモスクワとサンクトペテルブルクに行った。西側のロシア苛めに観光客が激減したに違いないとおもいきや中国人観光客でどこも満員ではないか。

二〇一四年八月の時点での話だが、町を歩いて驚いたのは通貨ルーブルが安定しており、闇ドル屋がなくなっていたことだった。

町を走るクルマは圧倒的にドイツ、次にフォードなど米国製とトヨタ、ホンダが並び、その次が大宇、現代、起亜と韓国製。ウズベキスタンで生産している起亜の小型車もある。

プーチン人気は高くTシャツは飛ぶような売れ行き（サンクトペテルブルクで筆者撮影）

つまり西側の制裁の隙間を中国と韓国企業が巧妙に埋めていた。

プーチンの人気は八二パーセントもあった。バザールではプーチンの似顔絵の入ったTシャツが飛ぶように売れていた。その後もさらにプーチン人気は上昇し、二〇一五年四月現在、八八パーセントだ。

一九九八年から二〇一四年まで「ロシアとG7の仲良し時代」は一六年間続いた。

しかし「情事は終わった」と英語版プラウダが書いた（一四年一一月一一日）。

ロシアは「脱欧入亜」へ急傾斜している風の方向が読めた！　「西側のロシア敵視政策への転換はモスクワをして否応なく北京に近づけた。これはオバマ外交の愚策である」（『アジア・タイムズ』同年一一月一〇日）。

米国はプーチンを孤立へ追いやった結果、ロシアはついにS400という防空システムの虎の子まで中国へ供与することとなった。

中国はTPPに対抗するためFTAAP（アジア太平洋自由貿易圏）構想を突如打ち上げ（その工程表に賛成したのは韓国だけだったが）、ついで日米主導のADB（アジア開発銀行）に対抗するため「アジア・インフラ投資銀行」を設立すると発表した。同時にIMF・世銀体制に挑戦するために通称「BRICS銀行」を短兵急に設立すると発表した。

プーチンはこうした中国の動きを政治的に読んでとりあえず同調する。シリア内戦とイラクの末期的混乱から生まれた「イスラム国」は二〇〇七年から〇八年まで米国が軍事訓練し、育てた。

中国と表面的な蜜月を演出するプーチンは北京で習近平と握手し、習近平夫人にコートを差し出して緊密ぶりを再演したが同時に安倍首相とも懇談した。

プーチン大統領は一四年一二月四日、連邦議会一一〇〇名の議員をあつめて、クレムリン宮殿で長い演説をした。

ロシアは成熟した国家であり「名誉」をもとめ、「正義」を確立するための行動をとる。二〇一四年の政治的成果はクリミア再統合であり、偉大な文明を永遠に尊重したい。ロシアは同時に多元的価値観を尊重し、周辺国を尊敬しているが、ウクライナで起きている「人権」と「暴力沙汰」は西側の偽善である。ロシアはウクライナに三三〇億ドルの投資をしており、これからも継続されるだろう。

と欧米のウクライナ支援とロシア制裁を強く批判した。

「ロシアが目標としているのは健全なファミリー、すこやかな国家である。伝統を受け継ぎ、前向きに安定社会を建設し、同時に進歩を追求し、いずれの国家も尊敬し、長期的国家戦略のもとに前進すれば、繁栄に導かれるだろう」と演説を締めくくった。

しかし二〇一四年だけで、一三五〇億ドルがロシアから海外へ逃げた。またロシア経済、とりわけ国家財源の四分の三が原油とガスである。

経済のブロック化、ユーラシアにおける独自の通貨圏構築による欧米対抗などといっても時間は限られている。

プーチンに焦りの色が濃くなった。ロシアの希望とは逆に原油価格はまだ下降方向にあり（二〇一五年三月末現在、一バーレル＝四二ドル）、サウジなど産油国に減産への方向性が見られない。

そこでプーチンはさかんに日本へ秋波を送るのである。

日本はこの外交的チャンスを活かすべき秋《とき》がきたのだ。

ロシアの核兵器は中国に向けられている

一九一七年、ソ連がボルシェビキ革命の成功のあと、共産主義革命を世界に輸出できると誤断してコミンテルンを結成し、これによってグレートゲームのあり方が変わると予測していた。

しかしソ連型革命とは共産主義とは無縁のものだった。周辺諸国を併呑するか侵略し、そのぶんどった領土を緩衝地帯にすれば、ユーラシアのハートランドは守れるという認識、きわめてリアリスティックな世界観に基づくのである。

リアリズムというのは、昨日の敵は今日の友、そして今日の友も明日には裏切っても当然という倫理観の希薄なゲーム、実際にソ連は一九二二年のラパッロ条約から一九三三年までと、一九三九年から四一年まではドイツと協調していたし、共産主義のイデオロギーなどあるわけはなかった。皮肉なことに共産主義イデオロギーに忠実だったのは日本の左翼とドイツのフランクフルト学派を源流とする欧米の左翼知識人だけだった。だから彼らは革命理論に依拠した、すなわちマルクス主義原理主義に走り、トロツキーを尊敬し、スターリンを嫌う。実践家の毛沢東やホーチミンやチェ・ゲバラに憧れたのだった。英国がドイツ敵対に踏み切り、ソ連はころりと態度を変えて、ヒトラーとの戦争に背後から突入した。

ソ連の野望は東欧ばかりか西欧も支配下において世界帝国を構築することだった。このときにソ連の甚大な心配事は極東だった。日本の動きに注目していたソ連は、どさくさに乗じて千島列島から樺太、満洲から朝鮮半島を自分の支配下に置こうという野心を秘めていた。それには日本の兵力が南へむかったほうが良かった。

一九三七年の日支事変勃発はソ連にとって渡りに舟、日本とシナが派手に諍《いさか》いをはじめて消耗してくれたら、軍事力をすり減らし、強き日本軍が疲れ切った後に侵入し、勝手に振るまえるとスターリンは読んだ。

そこでソ連は世紀のスパイといわれたゾルゲを日本に送り込み、朝日新聞の尾崎秀実《ほつみ》などを駆使して近衛内閣の中枢へもぐりこみ、日本の方針をまんまと南進政策に切り替えさせたのだ。

こうみてくると歴然としてくることがある。

それはソ連の基本的考え方は共産主義ではなく、歴史開闢《かいびゃく》以来のパワーゲーム、マッキンダーが体系化した地政学の理論である。

であるとすれば、いまのロシアの考え方はなにも難しく考えることはない。かつての勢力圏だった北朝鮮を手なずけて、中国の脇腹を牽制し、中国を押さえ込むには日本の防衛力の強化が望ましい。しかし、欧米が現在ロシア退治と経済制裁を続けているため、時間稼ぎに中国と蜜月を演じつつ、じっと欧米の姿勢の変化を待っているのである。プーチンがやっていることは中国を同盟国並みにして取り入り、インドへ破格の武器と技術移転を行い、ベトナムと復縁し、そのうえで、日本に大胆なアプローチを仕掛けるのである。

日本は明らかに、ロシアの意図を承知しており、むしろロシアを焦らせる戦術行使をしている。

まとめるとこうである。

――プーチンのロシアは西側の制裁に呻吟している。

――ロシアも「アジア・シフト」を始めている。日本の原油とガス需要、シベリア開発、パイプラインは進んでいる。日本の輸入の一〇パーセントだが、ロシアと「密約」を結ぶために日本はなにをするべきか？

ロシアの核兵器は中国にも向けられていることを忘れていないか？　日本がロシアにつけいる余地がここにある。

ロシアは仇敵トルコにも異常接近中

ロシアとトルコが急速に接近している。

アジアの西端、アナトリア半島にあるトルコは中東にありながら稀なほどに親日国家である。

かつてロシアと戦争を行い、オットーマントルコ（オスマントルコ）帝国は南北から列強の挟み撃ちとなって南カフカスからバルカン半島、アラブ世界、そして北アフリカの宏大な領地を失った。ロシアへの恨みは深く、日本が日露戦争に勝ったとき、トルコは国中がお祭り騒ぎとなって日本の勝利を祝福した。

それほど反露感情の強かったトルコが、なにゆえにロシアに接近したのか。

トルコは「ヨーロッパの一員」という歴史認識の下、NATOの重要なメンバーとして冷戦時代はロシアに対峙し、黒海の南端を守備してきた。NATOの地中海パトロールの拠点はトルコ第三の都市イズミールである。

冷戦終結後、東西ドイツは統合され、NATOは変質し、西欧と中欧はEU、そしてユーロの統一通貨を生んだ。東欧の一部もこれに参加した。トルコは当然、ヨーロッパの一員として加盟申請したが、つめたくあしらわれ、ユーロに加えてもらえなかった。

トルコの地下鉄駅には日本の援助と明示されている（右は筆者）

このあたりからトルコの欧州離れがはじまり、湾岸戦争、イラク戦争、そして現在のシリアから「イスラム国」戦争を通じて、イスラムへ大きく回帰し、トルコ全土の大学にモスクを建設し、イスラム世俗主義の一部を、宗教の彩りを加えた政策に切り替える。

目には見えないがトルコにはイスラム原理主義が深く存在している。

サルマン・ラシュディ事件のときも、三〇名近い翻訳者や作家、ジャーナリストが会議中のホテルを放火され、殺害された。イスラム国の拠点地域のシリアへ向かう若者らの通り道もトルコであり、当局は間接的にイスラム国の過激派の兵站ルートを兼ねた。

エルドアン大統領はオザル元政権のような親米色が薄く、強固なナショナリスト、あたかもオスマントルコ帝国の再来を期するかのような政治的発言が目立つようになった。

異変が起きた。

水面下でトルコに接近してきたロシアは西欧へ輸出する石油とガスのパイプラインの新ルートに「サウスストリーム」（黒海西側からブルガリア、ルーマニアを経由して西欧へ）を止めて、トルコ経由とすることを正式に発表したのだ。

これは日本ではほとんど無視されたが、西欧に衝撃を与える事件だった。現在は北海ルート（海底パイプラインをドイツへ）を建設中のほか、既存のパイプラインはウクライナ・ルートとセイハン・ルート（南カフカスからトルコをまたぎ地中海へ）があり、このうえに黒海東側からトルコ北西部を通過し、ギリシアとの国境へパイプラインをつなげる。

二〇一五年二月七日、ロシア国有の大企業ガスプロムのCEOであるアレクセイ・ミレルがイスタンブールへ現れた。トルコのタネル・ユルドゥズ（エネルギー大臣）が出迎え、ふたりは特別ヘリコプターへ乗り込んで四時間の飛行を楽しんだ。

イスタンブールから黒海上空を経てマルマラ海まで。ガスパイプラインの敷設予定地を空から視察したのである。

折からイスタンブールではG20財務相・中央銀行総裁会議が開催される。直前に、これほどの当てつけデモンストレーションはないだろう。

ウクライナ問題でプーチン支持のゴルバチョフ

クリミア半島の南端は黒海に面するリゾート地ヤルタ。湖畔に近いリバディア宮殿は、かの「ヤルタ密約」を締結するためにスターリン、ルーズベルト、チャーチルが集まった場所である。

筆者も二〇年ほど前に行ったことがあるが、瀟洒《しょうしゃ》で小振りな宮殿は白色に統一され、建物の一部は公開されており、ヤルタ会談の写真パネル展示がある。すぐ近くのホテルに泊まったが、室内プールは黒海の水を引いており、塩っぽい。夏は海水浴にくるロシア人でいっぱいになる。

このリバディア宮殿で「ヤルタ一九四五　過去、現在、未来」と題したシンポジウムが開催されるという（英語版プラウダ、二〇一五年二月五日）。独仏英など欧州の主要国からは代表を招くが、米国とカナダからゲストを招待しない方針で、会議ではプーチン大統領が基調演説を行うという。

「地球的規模の安全保障のシステムを早急に確立し、第三次世界大戦を回避するために建設的な方法での難題解決をめざしたい」というのが、この新ヤルタ会議の主旨というのだが、背景にはウクライナ問題で強硬姿勢を崩さない米国に対して欧州を離間させる狙いがあるのだ。

ウクライナと国境を接するバルト三国やポーランドは、むしろ対露強硬派が政治的リーダーシップを執っており、これらの緩衝地帯からはずれてドイツ、フランスが位置するわけで、ウクライナ問題では温度差がある。

ポーランドは戦後七〇年記念行事として、アウシュビッツで式典を行うが、当該式典にはロシアのプーチン大統領を招待しないと言明している。かわりにウクライナ大統領を招待する。ポーランドの反ロシア感情には抜きがたいものがある。

この措置に立腹したロシアは「アウシュビッツを解放したのはロシア兵だった」として、関係国に歴史論争を挑み、ついでとばかりドイツに「戦後賠償を支払う義務があり、また旧東ドイツから撤退したロシアへの補償金もあわせて要求する」と息巻く。

ゴルバチョフ元大統領は、「米国はロシアを新冷戦に巻き込もうとしている。冷戦が熱い戦争にはならないだろうが、第三次世界大戦に発展する危惧があり、欧州各国は程度の差こそあれ相互依存のなかに暮らしているが、米国とドイツの力はぬきんでている。米独がロシアへの外交を読み間違えており、これは危険な兆候である」と現状を分析している。

ゴルバチョフはまた「西側はプーチン大統領の訴えに真摯に耳を傾けるべきであり、わたしはプーチンの外交政策を支持している。ロシアへの制裁を早急に解除し、平和に関して話し合いを持つべき時がきている」とインタビューに答えた（英語版プラウダ、二〇一五年一月二九日）。

おりしも「イスラム国」のテロリズムを前に「有志連合」にも亀裂が入り、空爆を続行する米国とて地上軍の派遣をためらっており、サウジアラビアともしっくりいかず、そのうえオバマは「世界の警察官をやめた」と明言するに至った。

ロシア制裁をどうするのか、いつ解除して、対中包囲網の仲間に引きこむのか。欧米政治が問われている。

中国主導のBRICS銀行の攪乱工作

ロシアにもうひとつやってもらうことがある。中国主導のＢＲＩＣＳ銀行の攪乱である。ＢＲＩＣＳ銀行の最初のアイディアは二〇一二年にブラジルで開催されたG20である。ここで中国、ロシア、インド、ブラジルに南アフリカが正式メンバーとして付け加えられた。ＢＲＩＣｓの最後の「ｓ」が大文字の「Ｓ」となる。

まだ正式に発足していないＢＲＩＣＳ銀行に対してロシアは「今後、ＩＭＦに代わり世界の基軸通貨を発行する銀行となる」と突拍子もないことを言い出した。

アジアで通貨戦争が再燃したと『ウォールストリート・ジャーナル』が書いた（二〇一五年三月一三日）。そのうえロシアはＢＲＩＣＳ銀行の最初の批准国となった。ＩＭＦ世界銀行に代替する世界的歴史的意義をもつ銀行であるとして、ロシア連邦が二月二〇日に批准を決議し、プーチン大統領は三月に署名を済ませた。

三月五日、アルゼンチン、メキシコ、ナイジェリア、インドネシアなどが加盟を申請した。資本金は一〇〇〇億ドルに上積みされ、加盟国はさらに増大する展望が開けてきた。しかし何故、資本金がドル建てなのかの説明がない。このＢＲＩＣＳ銀行が本当にＩＭＦ世界銀行という戦後世界の経済体制をささえるシステムを代替するとなると、いくつかの疑問が湧いてくる。

本気でＩＭＦ体制に挑戦するとなると、通貨危機を救援するインフラの改変、ひいては国連の改組が必要となり、それほどの長期的展望をもつ銀行とは考えにくいからだ。

実際にロシアの金融専門家さえ、ＩＭＦ世銀の代替機構になりうるかという設問には懐疑的で、「相互の危機救済システムが謳われているわけでもなく、せいぜいがＥＢＲＤ（東欧復興開発銀行）の代替であろう」という（英語版プラウダ、二〇一五年三月一二日）。ＥＢＲＤは、冷戦終了後の東欧の再建のため、設けられた融資システムである。

中国の思惑はブラジル、ロシア、南アなどのプロジェクトへ中国企業が入札し、そのファイナンスによる経済的影響力の浸透という政治的意図が露骨であり、こうなると、「年末に最初の融資が行われ、五年以内に本格化する」という展望さえ、足下から怪しいのである。

中国とロシアの思惑がこれほど鮮明に違うわけで、いずれ加盟国の主導権争いと内紛が表面化するだろう。

プーチンが親米国家・エジプトを電撃訪問

ウクライナ休戦は独仏が斡旋し、プーチンがウクライナのポロシェンコ大統領と同席した。二〇一五年二月一五日からのウクライナ停戦が合意された。この時は明るいニュースと思われたが、合意翌日にも戦闘があり、数名が死亡している。オバマ政権はしかもウクライナ政府軍への武器供与を口にした。

独仏にとってウクライナの停戦合意を急いだのもユーロ危機という状況下にギリシア問題が再浮上したからだ。いつまでも米国に同調して経済制裁なんかやっているとエネルギー問題で躓《つまず》く恐れがあり、げんにロシアからのガスパイプラインは西欧を回避してトルコルートに変更された。欧州のエネルギー関係者は青ざめた。

その直前の二月九～一〇日、プーチンはエジプトを電撃訪問した。

かつてソ連とエジプトはナセル時代に軍事同盟を結んでいた。サダト大統領時代から米国に顔を向け、ソ連との軍事協定を廃棄した。米国から年に十数億ドルという軍事援助に支えられエジプト外交の基軸は親米である。

しかしプーチンの電撃的なカイロ訪問で半世紀ぶりにモスクワとカイロが手を携える。米国としては寝耳に水の出来事だった。エジプト軍事政権に近づくロシアの思惑は不透明だが、表面的にはプーチンとシーシー大統領との会談で「イスラム国」「シリア問題」が討議された。またエジプトの原発にロシアが協力することが謳われた。

エジプトはシリア問題でアサド政権を支援するロシアの立場を了解しておりロシア主導の平和路線を支持してきた経緯がある。また米国の失敗が「イスラム国」というテロリストを生んだという認識で両国は一致している。

エジプトは米国が背後で支援したチェニジア、リビアなどの「アラブの春」の結果、ムバラク前政権が転覆し、一時期イスラム原理主義者がエジプトの政権を握ったと総括しており、米国への不信は強い。

したがって膨大な軍事援助をアメリカから得ているエジプトはそれでも不満を募らせ、

ロシアを天秤にかけるというしたたかさを見せつけ、オバマ政権をたじろがせた。

このようにして、不安定化したアラブ諸国へも外交攻勢をかけるロシアは、欧米の政治主導を根底から揺《ゆ》らしているのである。

反中国家・モンゴルとも共闘

地政学的に中国とロシアに挟まれて、しかも領土の半分をロシアと中国に奪われたモンゴルは日本の重要なパートナーになりうる。

モンゴルは親日国家だが、地政学上の宿命でロシアと中国とは深い政治の絆に挟まれ、締め付けられている。冷戦時代のモンゴルはあきらかにソ連衛星圏にあった。

輸出品が石炭と鉱物資源、買い手はトラック輸送が可能な中国様だ。経済援助は日本もさりながらロシアからも来る。

モンゴルの目は冷戦終結後、一時的に米国と日本に向いた。なにしろ一九九〇年の湾岸戦争発動直後、まっさきに米国を支持したのはモンゴルだった。民族の記憶は第一に文字、国語、そして歴史教育だから、モンゴルの悲劇はこの点から見て水面下でまだ続いているのである。

モンゴルはウランバートル郊外にあるジンギスカン記念館（筆者撮影）

かつてロシアに攻め込んで従え、ハンガリーを侵略し、シナをのみこみ、日本を植民地化しようとして豪気な世界帝国を築き上げたのはモンゴルだった。日本には二回、元朝の侵略軍がやってきた（元寇）。

習近平のモンゴル訪問は二〇一四年八月だった。周辺国を友好で固めたいという戦略を隠さず、首都のウランバートルでエルベグドルジ大統領と会見した習近平は経済協力など二六項目で合意した。注目されたのは「自由貿易地区」の設定、モンゴル製品の中国の港への輸送ルートの拡充、ならびに人民元とのスワップを五〇パーセント拡大し、一五〇億元（三〇〇〇億円弱）としたことである。

モンゴル人からみれば資源の石炭をごっそり買ってくれるのは中国とはいえ、モンゴル国民にはアンチ中国感情がある。対照的に大相撲の横綱がずらりモンゴル人であるように、この国の民は日本がたいそう好きである。

中国は南モンゴルを不法に侵略し、「内蒙古自治区」などとしてモンゴル人同胞の住む地域をのみこんでしまったこと。次にソ連崩壊後、やってきた中国人の振るまいがあまりにも傲岸不遜で礼儀知らず、礼節を重んじ誇り高いモンゴル人には許せないからだ。

とはいえモンゴル経済は中国抜きでは、いまのところ成り立たずウランバートルの目抜き通りに立つ摩天楼は中国が建てた。

こうした現実を前にすれば、日本への期待も実現とは距離があり、日本はどっかと腰を据えて対モンゴル外交を早急に策定する必要がある。

第七章

日本国家の自立自尊

——世界に尊敬されたかつての日本人に学べ

元寇は神風ではなく鎌倉武士が守った

この小冊の最終章では日本の自立自尊について考慮し、究極の自主防衛とはなにかを考えてみたい。

日本が未曾有の危機に襲われたとき無名の英雄が必ず出現してきたように、たとえば蒙古の大軍が侵略の牙を研いで北九州一帯に出現したおり、鎌倉幕府の執権だった北条時宗は敢然と立ち向かった。

暴力で他国を侵略し従えようとする邪悪な元朝（中国）の破壊的行為（彼らはこれを「華夷秩序」という）に立ち向かい、獅子奮迅の戦闘を展開し、ついに侵略者を撃退したのだ。

「神風が吹いて蒙古軍が沈没もしくは逃げ帰った」という通説は真実ではない。

二年前にウランバートルへ行った折も女性ガイドがチンギスハーン記念館を案内しながら「日本を従えることが出来なかったのは、台風が吹いたから」と説明した。そこで「鎌倉武士が強かったからだ」と筆者が反論すると、初めて聴く顔になった。

蒙古襲来前まで唐人町（チャイナタウン）は北九州一帯と長門に及んでいた。ちなみに「東方」（とうぼう）もしくは「唐房」、「唐方」という地名が日本にどれくらいあるかと言えば福岡や山口県にいくつか残っている。当時、「唐房」（チャイナタウン）のなかには朝鮮人も多く混在していた。

この構図は現在の世界共通で、たとえばニューヨークのチャイナタウンにへばり付くようにコリアンタウンがある。豪シドニー、メルボルンも同様で、カナダのバンクーバーのチャイナタウンにもコリアンタウンが隣接している。

佐賀県の唐津は、いうまでもなく「唐の港」という意味である。その南にある多久《たく》には日本で最大規模の孔子廟がある。孔子廟は湯島にも長崎にも横浜中華街にもあるが、多久のそれは宏大である。いつぞや佐賀、唐津を講演旅行した折に立ち寄ったことがある。

服部英雄氏の書いた『蒙古襲来』（山川出版社）という分厚い研究書によれば、蒙古襲来以前から中国ならびに朝鮮人が日本国内に暮らしており、商い、とりわけ貿易に従事していた。彼らは戦争を望んでおらず、実際に蒙古襲来前後も、貿易は変わっていないという。ならば、なぜ蒙古はやってきたのか。高麗が嗾《けしか》けて先兵となったのは事実だが、江南軍の大量動員は宋王朝の残党（南宋）を、この戦争に狩り出して弱体化させるという隠れた目的もあった。毛沢東が敵対する派閥や国民党の残党を意図的に朝鮮戦争で前線に配置させたように。

しかし服部氏は日本侵略の目的を日本の火山帯が生産する硫黄にあるとして、弾薬、火薬の軍事力に欠かせない原料を確保するためであり、太宰府を占領し、硫黄の利権をおさえることにあったとする。日本に朝貢をもとめた華夷秩序という中国側の戦略はなぜか後景にしりぞく。

服部氏が着目しているのは、『八幡愚童訓《はちまんぐどうくん》』である。この書物は後世の作品だが、神風が吹き、神風の天意で日本が勝ったと言い出した書物であり、多くの歴史家がこの神社系の宣伝に引っかかったのだとする。

「網野善彦『蒙古襲来』(『日本の歴史』小学館、一九七四)を含め、卓越した歴史家までもが、『八幡愚童訓』をすっかり信頼した」と服部氏は書くが、「卓越した歴史家」が網野を指すにせよ、この形容詞は不要だろう。

服部氏が重視するのは『高麗史』である。この歴史書も信頼に値しない後世の作文(蒙古襲来から半世紀後に編まれ、中国の『正史』なみの改竄が多いのだが)であるにもかかわらず、同書のなかに幾ばくかの真実が述べられているとして頻繁に用いる。

「蒙古漢軍二万五〇〇〇人、高麗軍八〇〇〇人、水主らが六七〇〇人、渡海船九〇〇艘とある」。したがって日本侵略軍は四万人前後になるが、これは怪しいとして、服部氏は次に『元史』と比較している。

「これまでの研究者は、船艦九〇〇艘が押し寄せてきたと考えてきていた」。が「さにはあらず」。本当は「(大船に)搭載されたボート、つまり『小戦艦』(軽疾舟、汲水小舟)が六〇〇艘分、含まれており、海に浮かぶ形で目に見える（大）戦艦（大船）は三〇〇艘だけだった」。

上陸地点は博多のとなり、箱崎だった。蒙古軍の拠点は志賀島であり、あとから合流するべくやってきた江南軍（つまり南宋）は志賀島のはるか西、唐津よりも西で松浦半島の鷹島だったとして従来の対馬拠点説は否定している。

つまり対馬は日本と高麗（を通じて中国に）二重に朝貢していたので、激しい戦闘は対馬ではなく、高麗主体の蒙古軍は対馬と壱岐で食料を調達し、運送拠点としていたという。「クビライは高麗に引き続き、日本を服属させる必要があった。主たる要因は火薬の材料たる硫黄の確保にあった」ために、まず戦略的に「海岸堡（大宰府警固所）を確保し、つぎには大宰府を制圧する」。そこで武器と年貢米を押収し、つづいて大規模な援軍を送り、雲仙、阿蘇、別府の硫黄を抑える手はずだった、という。

硫黄以外にも、富をもたらす金・水銀・真珠・米を生産する国ジーベン・ジパングを、自らの意になる国にしたいと（クビライは）考え続けた。

したがって合流予定の江南軍が遅参したという従来の学説も怪しく最初から江南軍は増

派、別働隊だという解釈である。しかも鷹島沖にて海底に沈んだ蒙古船が近年引き上げられているが、ほとんどが商船を軍船に転用したもので、「木材に打たれた無数の釘から、修理を重ねた老朽船であったと推定されている」とする。

かくして〝神風〟は後世の神話であり、じっさいには異常気象による低気圧が強い風を起こし、沈む舟が多少はあった。

蒙古軍との実際の戦闘は志賀島と福岡の海岸線で行われ、日本側も夥しい戦死者を出した。蒙古軍の捕虜は三万といわれたが、これも誇張で、実際には多くても三〇〇〇人、実際は二〇〇〇人で丁寧に扱われた。

いずれにしても、神風を当てにした戦争はありえないということである。日本は神風には期待していないが、中国が尖閣諸島を軍事占領しようとするときは在日米軍の出動に期待しており、また米国の「核の傘」はまだ有効であると信じようとしている。

日本だけで単独で守るという発想がないことに自立心を欠く日本の精神的病巣をみる。

日本人だけが国内に外国軍基地のある悲哀に気づかない

外国の軍隊が日本に駐屯している事態は独立国家としての体をなしているとは言い難い。

いつぞや中央アジアのイスラム圏で旧ソ連だったキルギスのマナス空港に取材に行ったときのことだ。

アフガニスタン戦争の折、米軍は北からの兵站ルートとしてキルギスの首都にある空港を借り受け、海兵隊の出撃基地として契約、二〇一二年頃までおよそ二〇〇〇名が駐屯した。筆者はその空港に行って海兵隊のありようを撮影した帰り道、タクシー運転手が流ちょうな英語を喋った。

「えっ。日本にも外国軍が駐屯している？　日本って独立国家じゃないのか？」

キルギス国民は小国の悲哀としてロシア軍の駐留を認めつつも決して愉快なこととは考えていない。運転手は「キルギス国民は羊のようにおとなしい。日本人はあのロシアと戦争をして勝ったのじゃなかったか？」と続けて質問を浴びせてきた。

ユーラシア大陸は陸続きで侵略されるか侵略して他民族を支配するかの歴史であり、海に隔てられて海外の脅威が薄かった日本とは天地の開きがある。

筆者は自然に幕末から明治維新にかけての先達の歴史意識の正しさを連想した。

典型の比較ができるのが朝鮮との関係である。近代史を振り返って、日本と韓国と外交的になにが鮮明に異なるかといえば、外国を頼りにしないという生き方、その基本哲学の差違ではないだろうか。

事大主義というのは強い者に媚びる、逆に弱いと見るや相手をとことんいじめる姿勢でまさに韓国人に染みついたDNAである。

朝鮮を五〇〇年にわたって支配した李氏朝鮮の王朝はながらく元、明、そして清に付き、アヘン戦争で清が列強にめちゃくちゃにされるのを目撃してこれは弱いと見るや日本にべったりくっつき、三国干渉で日本が弱いとみるやロシアにも通じる、という無節操ぶりだった。いまの韓国は米国について軍事的バックボーンとし、朴正熙《パクチョンヒ》政権のときは日本に近づき、そして米国の力が衰えたとみるや中国になびくように。

日本の猛烈な近代化に欧米列強も瞠目した

日本は幕末維新にかけて、じつは外国の干渉が激しく、最初に日本に目を付けていたのは英国だった。

ペリー来航前に英国もフランスも来ているし、ロシアはプチャーチンの艦隊がやってきている。列強は先陣争いをしていた。

ところが薩英戦争、薩長戦争を通じて、逆に薩摩と長州に食い入った英国は、徹底的に反幕府勢力に武器供与を続ける。

朝鮮に宣教師を送り込んで先に足場を築こうとしてきたフランスは日本では徳川幕府に肩入れする。いずれも隙を見て日本の植民地化を狙っていた。しかし江戸幕府三〇〇年、日本の武士軍団は精神的にも高く、尚武の心意気が盛んで、とても植民地化できまいと結論していた。

そうだ。日本には独自の武力が備わっており士気の高い武士が夥しくいたのだ。対馬を一時、軍事占領していたロシアはバランスをとるため、日本に友好的で、幕末から維新にかけて中立的だった。出遅れたのがドイツ。そこでドイツは会津を基軸として奥羽越列藩同盟に武器を供与し続ける。

スネル兄弟は長岡藩で河井継之助にガットリング銃を提供したり、会津鶴ケ城にも反官軍の顧問団として落城寸前まで立てこもり、最後は蝦夷共和国独立を目指した榎本武揚《たけあき》をとことん支援する。

あわよくば蝦夷共和国独立の際にフランスの傀儡政権化しようという野心が底にあったと推測できる。ともかくどの列強も、それを突破口に日本の植民地化を狙っていた。

しかしながら幕末維新の指導者は、そういう列強の野心をみすえて、自主独立のために外国の干渉を断固はねのけた。歴史意識があったからだ。

近代日本の猛烈な文明化に欧米列強は瞠目した。源泉にある武士道を理解しようと懸命になったものである。

新渡戸稲造の『武士道』は、その質素倹約、日常の努力研鑽というモラルを説き、これは広くキリスト教文明におけるコモンセンスのような共通性があると米国で説いた。だからアメリカ人にも広く読まれ、日本語訳は何人もの人が試みた。

しかしながら新渡戸稲造の武士道は新渡戸が解釈した独断的な武士道であり、三島由紀夫の葉隠武士道にはつながらない。

「正義」を求めた日本人

内村鑑三の場合、彼の思想はいかなる基幹によって構築されていたかを探った富岡幸一郎氏は『内村鑑三』（中公文庫）のなかで次のように言う。

（米国に学んだ内村は）西欧の物質文明の思想を持ち帰ることはなかったし、立身出世に役立つ一枚の学位証書を持ち帰ったわけではなかった。（中略）

大久保利通や岩倉具視、木戸孝允といった明治政府の官僚がJapanに「文明開化の論理」——物質的近代主義を持ち帰ったとすれば、内村は、彼等が捨てて顧みなかった「基督教」を、いやJesusという「精神」だけを日本に持ち帰ったのである。

「外国宣教師の伝ふる基督教にあらずして日本国自生の基督教の必要を認むるまでには猶ほ更らに五十年経過《かゝ》るであろふ」と内村鑑三は「百年の後」のなかで預言したが、現代日本では物質より心が大事というモラルの復権はあっても、キリスト教徒は人口の一パーセントに満たない。

富岡氏は続ける。

内村は「近代の基督教に対しては、唯《ただ》拒否の態度あるのみである」と宣言する。幸福を目的としたキリスト教——つまり、人間の位置を定点として考えるキリスト教など何であるか。人間中心主義のなかに頽落したキリスト教は、近代的思想の〝眠り〟のなかにあるものでしかない。教会もまた、その眠りの時間のなかにあって成立しているにすぎない。

と考えたのだ。

この内村は福沢諭吉を徹底的に非難した。

「（福沢は）金銭是れ実権なりといふは彼の福音なり、彼に依て拝金宗は恥かしからざる宗教となれり」と内村は諭吉を批判した（しかし自立自尊を強調したのは福沢である）。

なるほど、内村がなぜ西郷隆盛に惹かれたか、それは政治改革や維新という政治的文脈で西郷を捉えず、あくまでも道徳家としての位置づけを行って『代表的日本人』のなかで天道をもとめた英傑としての西郷を描き出したのだ。

内村鑑三の西郷論はおよそ次のようである。

どうして西郷の文章や会話のなかで、あれほど頻《しき》りに「天」のことが語られたのでありましょうか。のろまで無口で無邪気な西郷は、自分の内なる心の世界に籠《こも》りがちでありましたが、そこに自己と全宇宙にまさる「存在」を見いだし、それとのひそかな会話を交わしていたのだと信じます。

（内村鑑三著、鈴木範久訳『代表的日本人』岩波文庫）

したがって「一八六八年の日本の維新革命は、西郷の革命であった」そして「（維新がなって、鹿児島に帰る西郷の心境とは）一度動き始め、（日本の）進路さえきまれば、あとは比較的簡単な仕事であります。その多くは、西郷よりも器量の小さな人間でもできる機械的な仕事」だと内村鑑三はやや独断的評価を下し、さらに西郷が引き起こすことになる明治一〇年の西南戦争について、次なる評価をする。

（西南戦争という）反乱は、自分の生涯の大目的が挫折した失望の結果である（中略）西郷は、言いしれぬ魂の苦悩を覚えていました。

つまり西郷の追い求めたのは「天」による至誠、正義であった。

「正義のひろく行われること」が西郷の文明の定義でありました。西郷にとり「正義」ほど天下に大事なものはありません。自分の命はもちろん、国家さえも、「正義」より大事ではありませんでした。（同前掲書）

ロシアをバランス外交で撤退させた幕末の政治家たち

現代世界を見渡しても、国富をばら売り、外国と利権を分け合って私利私欲に走り独裁的権力を固める国々は山のようにある。西郷の説いた理想はどこにもない。

安政大地震が起きたのは一八五五年（安政二年）一〇月二日だった。水戸藩江戸屋敷も崩壊し、藤田東湖が圧死した。

このとき、たまたま長崎に停泊していたのはロシア艦隊で、艦長はプチャーチンだった。直前まで長崎に寄港したという情報をもとに吉田松陰は佐久間象山から軍資金をもらい、密航しようと長崎まで疾駆した。松陰が長崎についたとき、ロシア艦隊は出航したあとだった。このときのロシア艦隊艦長はやはりプチャーチンである。地震の前々年、嘉永六年にペリーが四隻の黒船を率いて下田に入っていた。

プチャーチンはペリーの後追いのかたちで徳川幕府と和親条約の交渉をしていた。地震で艦船に修理の必要がうまれ、西伊豆の戸田《へだ》に向かうが、途中で旗艦ディアナ号が沈没してしまった。下田出航前にプチャーチンは砲門五二を下田においており、のちにこの五二門の大砲は徳川幕府に進呈された。

そこで徳川幕府は洋式帆船「ヘダ号」の建造を決める。このプロジェクトを通じて日本は西洋の造船技術をつかもうとしたのだ。ロシア軍人、乗組員には造船技術をもつエンジニア多数がおり、江戸からは多くの船大工がかけつけて懸命に大型船の建造方法を学んだ。

アジア情勢は風雲急を告げ、アヘン戦争で大国清はなかば植民地、アジアの海を暴れまわっていたのは英国であり、その英国はフランスと連合してロシアとクリミア戦争を引き起こしていた。日本は英国、フランス、そしてロシアに狙われていた。その隙をついて、米国からペリー艦隊がやってきた。

ロシア極東ウラジオストクのすぐ南にポシェートという港がある。

この港名の由来となったポシェートはプチャーチンの副官として日本にたびたび来ている。理由はポシェートがオランダ語に通じていたからで、当時の幕府の主力外国語はオランダ語だった。ロシアは、ペリーのように最初から武威を直截に示威する砲艦外交をとらなかった。ロシアとは大黒屋光太夫の事例がしめすように、北方海域ではロシア船の出没がみられ、津軽海峡を何度も航行していた。が、ロシアは日本に対しては力の外交ではなく、交渉を重視した。その背景には日本通のシーボルトの助言があったという。

日本側がプチャーチン艦隊に好感をもったのは、プチャーチンがなによりも礼節を重んじ、朝鮮通信使のごとき居丈高に形式だけにこだわるという非礼なそぶりがなかった。幕府高官の心証はきわめて良かった。

対して「ペリーの強引で居丈高な交渉法に辟易《へきえき》し（徳川幕府はアメリカに）不快だった」（上垣外憲一『勝海舟と幕末外交』中公新書）

理由ははっきりしている。英国とクリミア戦争に突入していたロシアには「弱みがある状況だから、威嚇的な態度を取らなかった」（同前掲書）。戦略的にみても、ロシアは最大級の敵だった英国を前にして、日本とは仲良くしておく必要があった。

しかし舞台は激変する。

アメリカは南北戦争に突入し、日本の植民地化どころではなくなり、英国はアロー戦争（一八五六〜一八六〇年）で北京を軍事占領し、破竹の勢いをしめした。英仏連合軍は北京で円明園《えんめいえん》、頤和園《いわえん》を破壊し、横暴の限りを尽くした。日本にとって最大の軍事的脅威は英国になった。

このときロシアはどさくさまぎれに清と領土交渉にのりだし、武器を使わずに軍事的威圧と威嚇外交で、清の版図であった沿海州から黒竜江省の北辺などをまんまと巻き上げていた。愛琿《あいぐん》条約を無理強いしたのは「アムールスキー」という尊称をとるムラヴィヨフだった。彼は沿海州もさっさと占領し、ウラジオストクとナホトカを強奪した。中国はいまもウラジオストクを「海参崴」とよび､自国領土と主張している。ナホトカは「拾いモノ」という意味である。

そしてロシアは日本に対しても別の顔を見せる。一八五九年に、ロシアは、このムラヴィヨフを艦長とする九隻の大艦隊を日本に派遣し、函館から江戸湾にその偉容を示威して徳川幕府を脅した。

表向きの理由は「日露和親条約」の批准だった。実際には樺太全部をロシア領とすることと、北海道の半分を割譲することだった。徳川幕府はこのとき、ロシアを牽制するのにアメリカに頼ろうとした。江戸には米国公使のハリスが、そして英国総領事のオールコックがいた。ロシアの要求を幕府ははねつけた。幕府も無能政治家ばかりではなく先見の明をもった官吏は英米をてこにバランス感覚をとることに優れていたとも言える。

ムラヴィヨフ滞在中に水戸藩士によるロシア兵殺傷事件がおこり、ロシアは報復として江戸を砲撃する余裕もあったが、米英外交使節団が江戸にあって無言の外交圧力をかけていた。樺太の問題は南を共同の開発地として、曖昧な決着となった。その背後にいたのが英国だったのだから国際情勢というのは猫の目のように変わる。

一方、ロシアはひそかに清に武器を供与していた。

軍隊の訓練も示したらしいが、これは清側が断った。そして清は反撃に出て天津の尖端、太古で英仏連合軍を敗退させていた。だからまた舞台がかわり、ロシアの横暴な野心を食い止めるべく、今度は英国が徳川幕府に助け船を出した。

なぜならロシアが南樺太も手に入れた場合、英国は世界戦略上、海上交通の要衝である対馬をおさえる必要があった。実際に英国は対馬に上陸し測量を始めていたが対馬の宋氏は対抗する軍事力もなく、あたふたとするだけであった。一八六一年（文久元年）ロシア艦隊ポサドニック号が「大事件」を引き起こす。対馬を占領したのである。
日本は列強のバランスを読んで、列強からも圧力をかけさせロシアを撤退させた。こうした歴史の教訓をわたしたちはもう一度、学び直す必要がある。

経済政策の根幹にあるべき発想が現代人とは違う

吉田松陰が先師・山鹿素行《やまがそこう》の武士道を松下村塾《しょうかそんじゅく》と野山獄で熱心に説き起こし、武士道を綿々と講義した。
吉田松陰の開講の辞がある。

国恩の事に至りては、先師、満世の俗儒《ぞくじゅ》外国を貴《たっと》み我が邦《くに》を賤《いや》しむる中に生れ、独り卓然《たくぜん》として異説を排し、上古神聖の道を窮《きわ》め、中朝事実《ちゅうちょうじじつ》を撰《えら》ばれたる深意を考へて知るべし。

（いまも同じである。欧米の学説の亜流がわが国の論壇を闊歩し、政治・経済政策の主流をしめている）。

山鹿素行は儒学（朱子学）を徹底的に批判したため、徳川幕府に睨まれ、赤穂《あこう》藩に預けられる。後の、赤穂浪士の決起には山鹿思想が濃厚に流れていることは明白である。『中朝事実』は山鹿素行の代表作のひとつ、尊皇攘夷の源流となる思想書である。『武教全書』のなかで山鹿素行は次のように言い残した。

凡《およ》そ仕官《しかん》の途《みち》は、朝《あした》に出《い》づる時は人に先《さきだ》づ、夕《つうべ》に退くときは人に後《おく》る。

ともかく早起きして人より先に勤務に赴き、人より遅く退出せよと刻苦勉励を説く。吉田松陰は、この先師の教えをさらに拡大し、そうした真剣勝負の日常こそが重要であるとし、浩然の気を養う大切さを説いて次のように言った。

所謂《いわゆる》浩然《こうぜん》の気を養ふの〈公孫丑上篇《こうそんちゅうじょうへん》〉工夫なり。凡そ人は浩然の気なければ、才も智も用に立つ者に非《あら》ず。この気は血気客気《けっきかっき》に非ず、人の本心より靄然《あいぜん》として湧出し、如何なる大敵猛勢《たいてきもうせい》にも惧《おそ》れず、小敵弱勢《しょうてきじゃくぜい》をも侮らず、如何《いか》なる至難大難をも恐怖せず、宴安逸楽にも解体《けたい》せず、確乎《かっこ》として守る所あり、奮然として励む所あるの気是《こ》れなり。

（吉田松陰『武教全書講録』全訳注　川口雅昭、K&Kプレス）

山鹿素行の「燕居《えんきょ》」の部分はこうである。
武士は「燕居休暇の日多きときは、則《すなわ》ち其《そ》の志怠りて、家業を慎まず、殆《ほとん》ど禽獣《きんじゅう》に類す」。
吉田松陰も時間を無駄に過ごす安逸な姿勢を嫌ってこう言った。

武義《ぶぎ》を論ずるは固《もと》より書を披《ひら》いて講読することとなり。然《しか》れども読書の弊最も多し。或《あるい》は異俗を慕ひ、或いは時勢に阿《おもね》り、或いは浮華《ふか》に趨《はし》り、或いは文柔に流るるの類《たぐい》枚挙に堪へず。

この『武教全書講録』は、これまで吉田松陰全集に入っていたが、戦後は抄訳しかなく、また吉田松陰がもっとも尊敬し「先師」とよんだ山鹿素行の著述を並列して比較しつつ読むと、そこには正気が宿るのである。
吉田松陰は『武教全書講録』の「与受《よじゅ》」の項目で次のような節約的経済論を述べている。

（財政は）英断を以《もっ》てして浮議《ふぎ》に移されず、寛裕《かんゆう》にして急功《きゅうこう》を求めざるに非ざれば成就せぬなり。初年先づ俸銭施与賞賜《ほうせんしよしょうし》等を総計して、一年中需要の金銀幾両と算し、本年適当の相場にて現米何石に当ると積り、大阪御運送米の内にて是れを控へ、大坂へは金銀を輸《ゆ》して事を了し、（中略）官吏米多くして金少なく、大いに窘迫《きんぱく》して浮議を起すべし。何程《なにほど》浮議を起すとも構ふことなし。

これは鎖国状況下の限られた生産という枠があった時代の農本主義経済学の要諦にある節約、節約、節約。そして刻苦勉励の精神論に近いのだが、「武士は食わねど高楊枝」という道徳律の盛んなるときにあっても工夫を述べている箇所だ。就中《なかんずく》、松陰は、「余に剣呑の弁あり」と最初に断っているように、はなはだ危険な、喧嘩を売るような論理であることを百も承知で述べているのである。

その後幕末から維新、明治新政府にいたり、貿易が盛んとなって軽工業から重工業へ日本経済は飛躍する過程で、この議論は通用性を失うものの、この節約のなかに工夫を求めるという精神はいまも生きる。上杉鷹山《ようざん》、保科正之らの思想の流れにある。

ここまで書いてきて西郷隆盛の次の言葉を思い出した。『南洲翁遺訓』のなかで大西郷はこう言っている。

> 租税を薄くして民を裕《ゆたか》にするは、即ち国力を養成する也。故に国家多端にして財用の足らざるを苦むとも、租税の定制を確守し、上を損じて下を虐《しい》たげぬもの也。能く古今の事跡をみよ。道の明かならざる世にして、財用の不足を苦む時は、必ず局知小《きょくちしょう》慧《けい》の俗吏を用ゐ巧みに聚斂《しゅうれん》して一時の欠乏に給するを、理財に長ぜる良臣となし、手段を以て過酷に民を虐たげるゆゑ、人民は苦悩に堪へ兼ね、聚斂を逃んと、自然譎詐《きつさ》狡猾《こうかつ》に趣き、上下互に欺き、官民敵讐《てきしゅう》と成り、終に分崩離斥《ぶんぽうりせき》に至るにあらずや。
>
> （猪飼隆明訳・解説、角川ソフィア文庫）

西郷は沖永良部島《おきのえらぶじま》に流されて獄中で日々衰弱していく中でも過去の経験から農民の苦境に同情し、国税を押しつける官吏のこざかしさを非難した。

都合の良い論理をまぶして経済政策を詐欺のように展開する官吏を「局知小慧」と比喩するあたり、西郷の面目躍如たる文章である。

現代人、とりわけ財務省官吏、体制御用のエコノミスト諸氏、これらの言葉をいかに聞くか？

兵器とエネルギーの自主開発こそが自立自尊の道

日本人はいまもインドを開発途上国だと誤認しているらしいが自立自尊の道はインドから学んだ方がよい。

インドは主権独立国家であるうえ、いまや世界の地政学の中枢を担う大国であり、政治力は日本と比較しても、大きいと言えるのではないか。なにしろ独自で核兵器を開発し、中国の脅威に正面から対峙し、米国とロシアのバランスを取りながら外交を力強く進めている。むしろインドこそは日本のお手本ではないのか。

インドのモディ首相は国産ジェット機生産へ産業界を鼓舞し、同時に外国の防衛産業に対して投資条件を緩和し、積極誘致に方針転換した。インドは国防産業の本格的な育成に乗り出すのだ。

「インド洋に進出した中国の海軍力の脅威と宿敵パキスタンの軍拡。そして中国とパキスタンのインド領への侵攻を、このまま放置するわけにはいかない」とモディ首相は発言した。

二〇一五年二月一八日、バンガロールで開催されていた防衛産業展覧会に出席したモディ首相は「国産兵器開発に本格的に乗り出す」として当面、八〇億ドルを注ぎ込んで最新鋭軍艦と七機のステルス機を作るとした。

バンガロールはIT産業のメッカとして世界に知られ、ソフト開発では世界の有力企業が進出している高原都市だが、同時にエアバス、ロッキード・マーチン、ボーイングなども進出している防衛産業都市でもある。日本企業もハイテク産業の多くが拠点をもっている。これまで外国防衛企業のインドとの合弁比率は二六パーセントだったため、ボーイングなども部品生産と機体の組み立てのベンチャー形式にとどめた。ボーイングとタタのベンチャー企業もボーイングの出資は二六パーセントだった。

ところが、インド政府の新しい方針では四九パーセントまで認められることとなり、外国企業の進出条件が大幅に緩和される。

インドの国防予算は年間三〇〇億ドルで、中国の四分の一ていど、しかもこれまでは世界最大の武器輸入国であり、ロシア製、米国製のマーケットでもあった。

この稿を書いていたとき、画期的なニュースが飛び込んできた。

インドの有力紙『ザ・タイムズ・オブ・インディア』は四月四日付けで、米国ペンタゴンがインド海軍の空母へ最新の発艦装置技術の売却に前向きであり、交渉は数カ月以内に妥結するだろうと報じたのだ。

これは空母から搭載機がより迅速に確実に発艦できる電磁システム＝［EMALS］と

呼ばれ、カリフォルニア州の海軍基地があるサンディエゴを起点とするＧＡ社が開発し、米国の新空母「ジェラルド・フォード」に搭載されている。

フランク・ケンダール国防副長官はＡＰのインタビューに答え、「楽観的であり、近くペンタゴンは交渉を担当する准将をインドとの交渉に当たらせる」とした。

インドはこれまでロシア製の武器システムを多用してきたが、もし、米軍の技術体系に移行するとなると、軍事力は格段に向上するのみならず、インド洋に野心を広げる某国には懸念される材料となる。

ベトナムが産油国であることは存外知られていない。

ベトナム沖合に眠る海底油田の推定埋蔵は四四億バーレル（アジアでの埋蔵ランキングは中国、インドに次いで第三位、以下マレーシア、インドネシアと続く）。ガスは七〇〇〇億立方メートルである。

ベトナムは石油の輸出国でもある。ただし近代的な精油所が一カ所しかないため、原油のまま輸出し、仕向け地か、あるいは中継場所で精製する。英国、ロシア企業と合弁でベトナムは精油所の増設を計画している。現在、ベトナム沖合の数カ所に海底油田が稼働しているほか、多くの潜在鉱区では「国際入札」が行われ、インド国営の「ＯＮＧＣ」（インド石油ガス会社）がベトナムのペトロベトナム社合弁で「鉱区〇六」を開発している。また「鉱区一二八」開発プロジェクトにも応札する。

いずれも中国が自国領などと叫んでいる海域である。二〇一四年来の原油安は、ロシアやベネズエラ同様にベトナム経済を直撃した。

ベトナムの国家予算の四分の一が石油であるため、原油代金がいまのように四〇ドル台後半が続けば、予算は四五〇〇万ドル程度の削減を余儀なくされるという（『アジア・タイムズ』、一五年一月二二日）。

また主力油田の「ホワイトタイガー油田」で生産が劇的に落ち込み、日産二六万バーレルが二〇一四年末には日産九万バーレル強までに落ち込んだ。このほかホーチミン南東沖合に位置するドントイ鉱区とテンティ鉱区の海底油田からは海底パイプラインがホーチミン港につながっている。

インドの海外油田での生産の二三パーセントが、ベトナムとの合弁である。中国の警告を無視して、堂々とベトナムで共同事業を行っていることを見ても、日本の弱腰とはまるで異なる。戦略的思考を実践しているのである。

これらの事例から得られる教訓はなにか？

兵器とエネルギーの自主開発こそが自主独立を支えるのである。独自の外交を展開するにしてもバックに軍事力がなければ国際社会では相手にされず、そのためにも兵器の自主生産がなにより重要だということである。

「反日日本人」との歴史戦争に勝利せよ

しかし日本の自主独立を妨害する「反日日本人」がいまも夥しい。彼らは仮想敵国の利益を代弁するかのように戦後レジームの克服をいう安倍政権を批判し、貶めることに狂奔している。

「吉田証言」なるでっち上げ報道を展開してきた朝日新聞は一四年八月になって誤報だったと訂正した。

だが国民はその説明には納得せず、朝日新聞を糺《ただ》す国民運動が広がった。朝日新聞に訴訟が連続しており、原告が二万二千名（二〇一五年三月末現在）を超えた。

二〇一五年二月二三日、「朝日新聞を糺す国民会議」の加瀬英明代表呼びかけ人と水島総《さとる》事務局長は東京・有楽町の日本外国特派員協会で会見し、「朝日への訴訟は金銭問題ではなく、心の問題だ。日本人の名誉と誇りの問題であり訴訟に踏み切った」と訴訟の意義を説明した。

「従軍慰安婦」が済州島で多数強制連行されたとする「吉田証言」に基づく誤報を朝日新聞が三〇年以上も訂正しなかった。

過去にもメディアに対する大規模訴訟は起きていて、二〇〇九年にはNHKの番組をめぐって原告一万人が損害賠償を求めて提訴を興した。

上智大学の渡部昇一名誉教授を団長とする原告団は原告ひとりあたり一万円の慰謝料と謝罪広告の掲載を求めて提訴した。

訴状によると、「朝日新聞の本件一連の虚報により、日本国及び日本国民の国際的評価は著しく低下し、原告らを含む日本国民の国民的人格権・名誉権は著しく毀損せしめられた」というのがその理由だ。

「朝日新聞を糺す国民会議」が原告の事務局を担当しており、原告に加わるために必要な「訴訟委任状」の数は日々ふくれあがっている。

これとは別に二月一八日には在米日本人ら約二〇〇〇人が主要米紙への謝罪広告掲載と原告ひとりにつき一〇〇万円の慰謝料を求める裁判を起こした。朝日新聞の記事で慰安婦問題に関する誤った事実関係が世界に広がったと主張している。在米韓国系団体がカリフォルニア州グレンデール市に慰安婦像を建立するなどして誤った認識が「定着」したとしている。

ほかにも「朝日新聞を正す会」を名乗る会メンバー約四〇〇人が誤報の検証が遅れたことで「読者が真実を知る権利を侵害された」として原告ひとりあたり一万円を求める訴訟を起こしている。

いずれも損害を物理的に保証する裁判でないと裁判所が訴状を受理しないためであって、決して金銭目的でないことは明らか、日本人の精神の回復運動の一環なのである。

そしてこれは朝日新聞やＮＨＫに代表されるような、日本を貶めてきた反日勢力との歴史戦なのである。

かくして中国脅威論、韓国脅威論はむしろ日本内の代理人が仕組んだ面もあり、イメージと異なって幻想的側面の方が強い。中国と韓国が性懲りもなく展開している反日情報工作に打ち勝つために、それでは日本は何をなすべきか。

中国と韓国はいずれ自滅する運命であり、日本はますます強くなるという歴史観に立脚して考える必要がある。

日本が精神的に負けないという気構えがもっとも重要になる。

そもそも史観とか祭祀とかは、その国のこころに属する内なる問題であり、中国と韓国は、これを外交問題にすり替え、政治プロパガンダに用いているに過ぎないのだ。しかし、日本人の特性は「過去を水に流す」のだが、中国と韓国はなぜか過去にこだわり続ける。

黄文雄氏はこう言う。

精神史に属する、これら目に見えない問題は、日本人がもっと考えなければならない心と魂の問題である。守らなければならない日本の価値であり、日本人としての生き様でもある。

（黄文雄『克中韓論』イースト・プレス）

たとえば「インド人は歴史とはただ時間の一現象にすぎないと考え、それよりも根源的な問題に関心が強い。中国人と韓国人はインド人よりも歴史を語りたがるが、それは別に真実を知りたいからではない。フィクションやファンタジーを歴史にすりかえ、政治に利用しているだけである」（前掲書）。

ここに歴史の真偽はどうでもよいと考える中華思想の本質がある。政治手段として真偽などおかまいなしの史観や史説を押しつけ、日本が理論的に詳細な反論をしても、彼らは科学的客観的事実などどうでも良いから、突拍子もなく飛躍して難癖を押しつけ続けるのである。この構造は半永久的に変わらないだろう。したがって変わるべきなのは日本人の精神と気構えの回復なのである。

エピローグ　戦後七〇年を機に東京裁判を再審せよ

誤解された征韓論と脱亜論

福沢諭吉の「脱亜論」は「悪友」シナと朝鮮へ「おさらば」の勧告だったが、いまの日本人の感情はこれに近い。ただし、「入欧」ではなく、「入亜」だ。

欧米に顔を向けるのはもうよそう、そこでは文明がレイムダック状態であり、むしろ日本は親日国家群の台湾、アセアン、南太平洋の島嶼国家群とインド経済圏からトルコまで「地球儀を俯瞰する外交」をはじめている。日本にいま必要なのは「脱中国、脱韓国」、そしてアジア・シフトをはじめたロシアを含む、アジアへ本格的に取り組む国家百年の計である。このあたりの詳細は拙著近刊『中国、韓国は自滅し、アジアの時代がやってくる！』（海竜社）を参照されたい。

そもそも明治政府が発足し廃藩置県、地租改正の改革の後、国際的に直面した事件とは西郷隆盛の「征韓論」だった。

これは韓国があまりにも非礼だったから沸騰した「感情論」に近く、しかしいちおう論理的整合性はあった。

幕末維新の激動を経験し、明治六年政変前後の複雑な東アジア情勢から、西郷「征韓論」が登場するが、いまの中国、韓国の非礼、えげつない反日行動をみていると、次に朝鮮半島、その背後にある中国の未来が展望できるだろう。

西郷は韓国を征伐せよとは一言も言っていない。非礼だと非難したのである。「事大主義」の朝鮮と「華夷秩序」の中国が日本と対峙する基本構図はいまも変わらない。

九・一一テロは米国をして「アフガニスタン」「イラク戦争」への引き金を引いた。アメリカ国民は熱狂的な復讐心に燃えた。各地で星条旗が高々と掲げられた。

パリ「シャルリー・エブド」編集部への残虐テロは中東に日和見だったフランスをして、空母派遣、九六年ぶりという国会での国歌斉唱という愛国への急傾斜をもたらした。欧州全土に保守政治運動の嵐が吹き始めた。オランダで、イタリアで、ハンガリーで。

欧州でも高まるナショナリズム

自国労働者の職を奪ったとして「移民排斥」を声高に訴え、ナショナリズムの風潮を背に受けて驚くほど支持を伸ばしているのはフランス国民戦線だ。二〇一五年三月現在、支持率三三パーセント、オランド与党を引き離している。オランド現仏政権は頼りなく経済は低迷し、失業率は一〇パーセントと改善されず、隣国ドイツの健闘ぶりとは対照的でフランス国民の不満は強まる一方である。

このタイミングで仏国民戦線党首のマリーヌ・ルペンは「米国はもっとも信頼できない国だ。フランスはユーロから離脱するべきである」と鮮明な政治主張をがなり立てれば若者の不満が吸い込まれていく。

フランスの若者に職がないことが最大の理由とみていい。イスラム風刺の週刊誌シャルリー・エブド編集部をテロリストが襲撃したが、イスラム移民への政策に変更がないため、「無策でいればセーヌ川は血の海になる」とオランド政権の無能を非難し、反イスラムの旗を鮮明に振る。ますます国民戦線の勢力は倍増する勢いをしめす。

移民排斥ムードは汎欧州に広がり、英国でもEU脱退を叫ぶUKIP（イギリス独立党ファラージュ党首）はEU議会選挙で第一党に躍り出てキャメロン政権が青ざめた。ドイツでも移民促進政策に疑問符をつけるペギータ（西洋のイスラム化に反対する欧州愛国者）が静かに浸透し、イタリア、ベルギー、オランダでも保守派が勢力を拡張中だ。

なかでも特筆するべきがフランスの「右派」を象徴する国民戦線だ。党を率いるのは「極右」と言われたルペンの娘マリーヌ・ルペン女史である。二年前まではまさに「泡沫」扱いされてきたが、二〇一四年の地方選挙で躍進し、EU議会選挙では第一党になってオランド政権を揺らした。あまりのことに、いまも「極右」扱いをするのは左翼の『ルモンド』くらい。英国でも『ガーディアン』『インデペンデント』、そして米国『ニューヨーク・タイムズ』など左翼メディアが危険視するが、ほかのメディアは批判しなくなったという。ルペンは英紙『ファイナンシャル・タイムズ』との独占インタビューでこういう（二〇一五年三月六日付け）。

ロシアを制裁するのは愚か。それはロシアをして中国と軍事的絆を強めさせるだけだ。ユーロから離脱するのは理想だが、もっと実践的な方法がある。わたしはブティックに陳列する目的で政治をしているのではなく、一歩一歩権力に近づくため、そしてフランス国民にそれを返すためだ。

日本の政治家、集団も、こうした主張に共鳴しはじめた。

中韓の「反日」がアジアを団結させた

中国の「反日暴動」は日本に安倍政権を奇跡的に誕生させた。

政局を逆転させ、日本の街頭に日の丸が林立するようになった。朝日新聞は過去の出鱈《でたら》目《め》報道を謝罪した。防衛力増強に反対の声はあがらず、戦後七〇年忘れられてきた国民精神の復活への兆しが見られる。

——韓国の根も葉もない「反日」宣伝は世界中で嘘がばれた。

——南シナ海での中国の侵略的横暴は、アジア諸国を「反中」で団結させた。

ざっと近代史を振り返ってみよう。

幕末の頃、朝鮮半島ではなにが起きていたのか？

両班《ヤンバン》がエリートで国民は奴隷同然、労働に貴族はタッチしない前近代王朝だった。鎖国から開国に向かう日本は列強の牙を見抜き、果敢な外交戦を展開して、切り抜けてきた。対照的に李氏朝鮮は、鎖国を守り抜こうとして路線を誤り、「宗主国」の清に頼りきった。ロシア、英国が対馬を一時占領し、半島への進出機会を狙っていた。日本が英米の後押しもあって朝鮮に「開国」を迫り、宗主国の清と交渉した。いまの世界情勢とあまりにも酷似していないか？

大国（中国）に胡麻をすり、日米との離間を謀る韓国、ロシアに近づく北朝鮮。自立自尊の主体性がなにもない民族のDNAかもしれない。韓国は竹島を占領しナショナリズムの象徴とし、産経記者を人質として拘束する非道な行動をとり続ける。

しかし「朝鮮を征伐せよ」とは主張しなかったが、西郷の「征韓論」はひろく誤解された。

西郷は朝鮮の非礼を、単身乗り込んで糺《ただ》そうとしただけなのだが木戸、大久保らは西郷と対立してしまった。他方、民間にあっては福沢諭吉らが「朝鮮独立」にもっとも強力に物心両面で援助した。内田良平、頭山満《とうやまみつる》らも、孫文の「辛亥革命」を強力に支援した。後藤新平は孫文革命のため、武器援助を準備した。

朝鮮独立運動の闘士、金玉鈞《キムオッキュン》は福沢を頼って日本に亡命した。

戦後、韓国の「漢江の奇跡（韓国経済の離陸）」は日本の援助で成立したし、北のダムも重工業設備も日本時代のものである。それなのに恩を仇で返し、北は日本人を拉致し、韓国は反日を世界に広げる。

したがって日本が朝鮮半島、中国大陸と関わるとロクなことがない。白村江、勘合貿易、対馬、元寇、秀吉の朝鮮征伐、日清戦争、満洲経営と、みごとに凶である。

「日清戦争」の原因は朝鮮半島だったことを私たちは思い出す必要がある。くるくると保護者をかえ、事大主義の悪弊に陥った李氏朝鮮の断末魔（いまの韓国）から、清が宗主国として李氏朝鮮を突き動かした。

このような立場をくるくる変える生き方は半島人に共通する特質で、朝鮮半島の事大主義は欧州で言えばバルカン半島である。

一九九〇年、ベルリンの壁が崩れた直後だった。まだ「ユーゴスラビア連邦」という国があり、首都のベオグラードへ取材で行った。奇妙にまとまりつつ、実はまったくばらばらな街だった。人種の坩堝《るつぼ》、オープンカフェは繁盛しており、『地球の歩き方』を抱えた若い日本人女性のひとり旅がずいぶんといた。

教会でキリスト像のペンダントを土産に売っていたので買おうとしたら「あなたの宗教は？」と訊いてきた。「仏教です」と答えると「異教徒には売らない」という。

翌日、タクシーをチャーターして「サラエボ往復を二百ドルでどうか？」と訊くと「いくら貰っても、あそこへは行きたくない」とにべもなかった。

そういえば、ベオグラードの街は奇妙な印象で、通りごとに住む人種がことなり、地区によって宗教の色分けがあったようだ。公園にはロマ（ジプシー）が野宿している。贅沢なビルがあるかと思えば路上生活者が夥しくいた。

隣同士がいつ裏切るか分からない。バルカンでは敵の敵もやはり敵なのだ。

ユーゴスラビアの革命家・チトーの社会主義は機能せず、その残滓が混乱に拍車をかけていた。もっともチトーは社会主義を名乗ったものの本質は残忍な独裁者だった。

そのうち、カトリックのクロアチアとスロベニアはさっさと西側へ去り、マケドニアが独立を宣言し、セルビアとボスニア・ヘルツェゴビナで戦闘が開かれ、ＮＡＴＯは反セルビアに、ロシアはセルビアを支援した。

セルビアが悪者にされ、まさに宣伝戦争で負けてしまった。クリントンは上空五千メートルから空爆で参戦し、ロシアは崩壊の最中で、手も足も出せず、セルビアは負けた。セルビアの指導者ミロシェビッチもカラジッチも、西側が判定した「戦争犯罪」で裁かれる。

マケドニアも最後に独立を宣言して、国連に加盟申請すると、ほかの諸国が反対し、アレキサンダーの国名を名乗るのはけしからんと「マケドニア旧ユーゴスラビア共和国（ＦＹＲＯＭ）」という暫定の国名でようやく国連加盟が認められた。もっとも強く反対したのはギリシアだった。アレキサンダー大王は現在のギリシアのマケドニア地方からでた英雄で、いまのマケドニアではないというわけだ。ことほど左様に旧ユーゴ連邦はおかしな国である。

六つの国家で一つの連邦だったが、分裂したら七つになった。「わけが分からない」と倉山満氏（『真・戦争論　世界大戦と危険な半島』）がいう。いや、これがバルカン半島である。状況によって敵と味方が始終入れ替わり、一定の法則、姿勢というものが存在しない。瞬時にして約束を違《たが》え、相手を裏切るあたりも同じ半島国家のどこかの国に似ている。

日本で「バルカン政治家」といえば三木武夫、武村正義、菅直人らと言われている。

ともかく大国・清は日本に負けた。日本の勝因の背後には英米仏など列強の動きが重要な役割を果たした。

最初、朝鮮を米国が見放しフランスは去り、ロシアの南下を恐れる英国が日本に与《くみ》した。「日露戦争」も朝鮮の事大主義が遠因である。世界史的視野から見れば、欧米列強間の争いが極東へ持ち込まれたのだ。

そして日韓併合、創氏改名にとびつき、満洲に大量に入植したのは日本の大盤振る舞いにありつこうと駆けつけた中国山東人と朝鮮人だった。

——戦後、事大主義と華夷秩序を追求する中国、韓国のパターンはまったく同じである。

——戦捷《せんしょう》国民として戦後、たかりの癖を覚え、在日特権を強引に獲得した。

——隙あらば日本人と結婚したがる中国人、反日世代がなぜ日本に憧れるのか。「行きたい国」のトップは中国も韓国も「日本」なのはなぜだろう?

それゆえに現代日本は脱中国、脱朝鮮を外交の中枢に置き直す必要がある。「脱中韓、そして入亜」という安倍外交の基本路線は親日国家群への友好増進、援助拡大である。「地球儀を俯瞰する外交」とは、脱亜論の現代版を地でいっているのである。

「東京裁判の再審」が必要だ

ヘンリー・S・ストークスと植田剛彦両氏の共著『目覚めよ！日本』（日新報道）のなかで東京裁判の再審が提議された。日本人にはなかった発想である。

ストークス氏が担った歴史的作業とは、欧米ジャーナリストのなかで、とくに在日外国人特派員のなかにあって、ただひとり敢然と「東京裁判史観は間違い」であり、「日本の大東亜戦争の目的はアジア植民地の解放戦争だった」と正当に評価した初めての論客である。南京大虐殺の嘘を世界に向けて発信している稀有の存在である。

ストークス氏は「GHQ史観」とも「東京裁判史観」とも言わず、独自の「連合国戦勝史観」と定義されるように、歴史に対する凛とした態度が明瞭に示されている。

かくいわれるストークス氏とて、東京赴任当時からこのような歴史観を抱いていたわけではない。英紙フィナンシャル・タイムズ、ロンドン・タイムズ、そしてニューヨーク・タイムズの東京支局長として日本滞在半世紀におよぶうちに多くの友人知己を得て、自然と固まってきた日本に対する冷静な視点から到達した結論である。

だから率直にその思想遍歴を次のように語る。

私はいわゆる〝南京大虐殺〟をはじめとして、マッカーサーが日本占領下で演出した東京裁判が、一部始終、虚偽にみちたものであり、日本が侵略国家であったどころか、数世紀にわたって、白人による植民地支配のもとで苦しんでいたアジアを解放した、歴史的におおいに賞賛するべき偉業を果したことを、理解するようになった。

したがって日本は東京裁判の再審をおこなうべきなのだとストークス氏は貴重な、大胆な提言をされる。

東京裁判では、一方的に、敗戦国のみが、裁判を装った「復讐劇」によって、私刑《リンチ》を受けたわけです。ブレイクニー弁護人は、「侵略戦争それ自体は犯罪ではない」と主張し、さらに、「もし侵略戦争が犯罪であるというなら、原爆を投下した者、その命令を下した司令官、その国の指導者の名もあげられる。彼らは、この法廷のどこにいるのか」と、裁判が一方的であることを訴えました。

私は、「東京裁判」それ自体を、国際法に則って「再審」することで、日本の正義は充分に立証されると、強く思うのです。

戦後七〇年をむかえて歴史戦で大外交攻勢をかけてきた中国、韓国とそれを背後で黙認し、いや擁護さえしながら米国は「安倍談話」の事前審議過程で露骨な介入をしている。まさしく内政干渉である。

このような未曾有の歴史戦を前にして、私たちは貶められ続けた過去を清算するためにも、伝統と名誉を矜持するためにも、東京裁判の再審を国際社会に要求する必要がある。日本の真の独立と名誉ある存続をかけて。

なおこの小冊は基本的に書き下ろしだが、一部の箇所は筆者が過去に『Ｗｉｌｌ』『正論』『月刊日本』『共同ウィークリー』『エルネオス』『世界と日本』などに発表した文章との重複があることをお断りしたい。また本書の企画から編集まで協力いただいた版元ビジネス社の唐津隆社長と編集部の佐藤春生氏とに感謝の意を捧げ跋文としたい。

平成二七年四月

筆者識

[略歴]

宮崎正弘（みやざき・まさひろ）

昭和21年金沢生まれ。早稲田大学中退。「日本学生新聞」編集長、雑誌『浪曼』企画室長を経て、貿易会社を経営。

83年『もうひとつの資源戦争』（講談社）で論壇へ。国際政治、経済の舞台裏を独自の情報で解析する評論やルポルタージュに定評があり、同時に中国・台湾ウォッチャーの第一人者として健筆を振るう。中国、台湾に関する著作は五冊が中国語に翻訳されている。

代表作に『台湾烈烈 世界一の親日国家がヤバイ』（ビジネス社）、『拉致』（徳間文庫）、『出身地で分かる中国人』（ＰＨＰ新書）など。最新作は、『保守の原点』（小川榮太郎氏との共著、海竜社）、『中国大破綻』（PHP研究所）。


日本が在日米軍を買収し第七艦隊を吸収・合併する日

2015年5月9日　　第1刷発行

著　者　宮崎正弘
発行者　唐津 隆
発行所　株式会社ビジネス社
〒162-0805　東京都新宿区矢来町114番地 神楽坂高橋ビル5F
電話　03(5227)1602　FAX　03(5227)1603
http://www.business-sha.co.jp

〈装幀〉上田晃郷　〈本文組版〉エムアンドケイ　茂呂田剛
〈カバー写真〉航空母艦「ジョージ・ワシントン」U.S. Navy
〈印刷・製本〉中央精版印刷株式会社
〈編集担当〉佐藤春生　〈営業担当〉山口健志

ISBN978-4-8284-1811-7